Schwimmtechnik im Kindertraining

Iris Komar

Schwimmtechnik im Kindertraining

Kraulschwimmen

Meyer & Meyer Verlag

Die Deutsche Bibliothek – CIP-Einheitsaufnahme

Komar, Iris:
Schwimmtechnik im Kindertraining / Iris Komar.
– Aachen : Meyer und Meyer. Kraulschwimmen. – 1996
(Reihe Die Schwimmbibliothek ; Bd. 5)
ISBN 3-89124-326-X
NE: GT

Fotos und Zeichnungen: François Cools, Olmen
Titelfoto: François Cools, Olmen
Umschlaggestaltung: Walter Neumann, N&N Design-Studio, Aachen
Umschlagbelichtung: frw, Reiner Wahlen, Aachen
Belichtung: Dagmar Schmitz, Typeline, Aachen
Satz: Dagmar Schmitz, Typeline, Aachen
Druck: Druckerei Queck, Jüchen
Printed in Germany
ISBN 3-89124-326-X

Inhaltsverzeichnis

Seite

Vorbemerkung 6

1. Entwicklung und Theorie der Schwimmtechnik 7

1.1 Entwicklung des Kraulschwimmens 9

1.2 Schwimmerische Grundfertigkeiten 11

1.3 Erstschwimmart 21

1.4 Lernschrittfolge zur Erarbeitung der Schwimmtechniken 23

1.5 Beobachtung der Schwimmtechniken 24

1.6 Verbesserung der Schwimmtechniken 25

2. Technik 29

2.1 Methodische Hinweise für die Arbeit mit den Technikprogrammen 30

2.2 Kraulschwimmen 33

2.3 Startsprung – Greifstart 47

2.4 Startsprung mit Armschwung 65

2.5 Kraulwende mit Doppelarmzug 67

2.6 Lagenwende Brustschwimmen – Kraulschwimmen 91

2.7 Testformular – Schwimmtechnik 106

Abkürzungen 108

Literatur 109

Vorbemerkung

Bereits das Kindertraining soll durch eine grundlegende und solide schwimmtechnische Ausbildung gekennzeichnet sein. Die Herausbildung und Entwicklung der Schwimmtechnik des Kraulschwimmens, des Startsprungs und der Wende sollte höchsten Qualitätsansprüchen genügen.

Einen Beitrag dazu liefert dieser 5. Band der „Schwimmtechnik im Kindertraining-Kraulschwimmen" .

Im ersten Teil zur Entwicklung und theoretischen Basis der Schwimmtechnik werden die für die Praxis des schwimmtechnischen Lerntrainings wesentlichen schwimmerischen Grundfertigkeiten angeboten, die auch im Kindertraining vertiefend geübt werden müssen. Zur Entwicklung von rationellen und zweckmäßigen Bewegungen werden Lernschrittfolgen erläutert sowie Hinweise zur gezielten Beobachtung und Fehlerkorrektur vorgestellt.

Der Technikteil beinhaltet das Kraulschwimmen, den Startsprung als Greifstart und mit Armschwung sowie die Wende im Kraulschwimmen und die Lagenwende vom Brust- zum Kraulschwimmen. Mit Bildausschnitten und Fotos wird die Technik des Bewegungsablaufs beschrieben und erläutert.

Für eine gezielte Entwicklung von zweckmäßigen Techniken werden Programme für das Lerntraining angeboten sowie den Trainern, Übungsleitern und Lehrern eine Vielzahl von Empfehlungen, Tips und trainingsbegleitenden Maßnahmen zur Technikstabilisierung für das praktische Üben gegeben.

Das vorliegende Buch soll dazu beitragen, für lerneifrige und schwimmbegeisterte Kinder die richtigen Übungs- und Lernformen zur Sicherung einer stabilen und variabel verfügbaren Schwimmtechnik zu finden.

Iris Komar

1. Entwicklung und Theorie der Schwimmtechnik

Eine gute **Schwimmtechnik** mit dem jeweiligen **Start** und **Wende** ist für das ***Training*** und besonders die ***Wettkämpfe unerläßlich***. Bei der schwimmtechnischen Ausbildung im Kindertraining sollten die Techniken den ***höchsten Qualitätsanspruch*** besitzen.

Der Begriff Technik bezieht sich auf die charakteristische Art und Weise der Bewegungsausführung, mit deren Hilfe der Schwimmer die sportliche Bewegungsaufgabe löst. Die Bewegungsaufgabe des Sportschwimmers lautet:

> ***„Zurücklegen einer im Wasser vorgegebenen Strecke in kürzester Zeit unter Berücksichtigung der Wettkampfbestimmungen."***
> **(Schramm, E. 1987, S. 55)**

Die ***schwimmtechnischen Fertigkeiten*** sind in ihrer Anwendung, in ihrer ***Feinkoordination bis zu einer individuellen, variablen Verfügbarkeit zu entwickeln.***

❒ Die Realisierung und ***Beherrschung einer wirkungsvollen Technik*** bezieht

konditionelle und ***koordinative Fähigkeiten*** sowie ***psychische*** und ***intellektuelle Eigenschaften*** des Sportlers ein.

❒ Die Techniken lassen sich im Sportschwimmen in *drei Gruppen* einteilen:

● *Schwimmarten* ● *Starts* und ● *Wenden*

❒ Beim Kindertraining sollten in den **Schwimmprogrammen** für die ***technisch-koordinative Ausbildung*** **Zwischenziele** aufgestellt werden, die von der ***Endzielstellung des anzustrebenden Hochleistungstrainings abgeleitet sind.***

Die Erfüllung der Zwischenziele ist eine Voraussetzung der zunehmenden Belastbarkeit und Leistungssteigerung.

❒ Für die **sporttechnische Ausbildung im Wasser** gelten im *langfristig planenden Leistungsaufbau* folgende grundsätzliche *Ansprüche*:

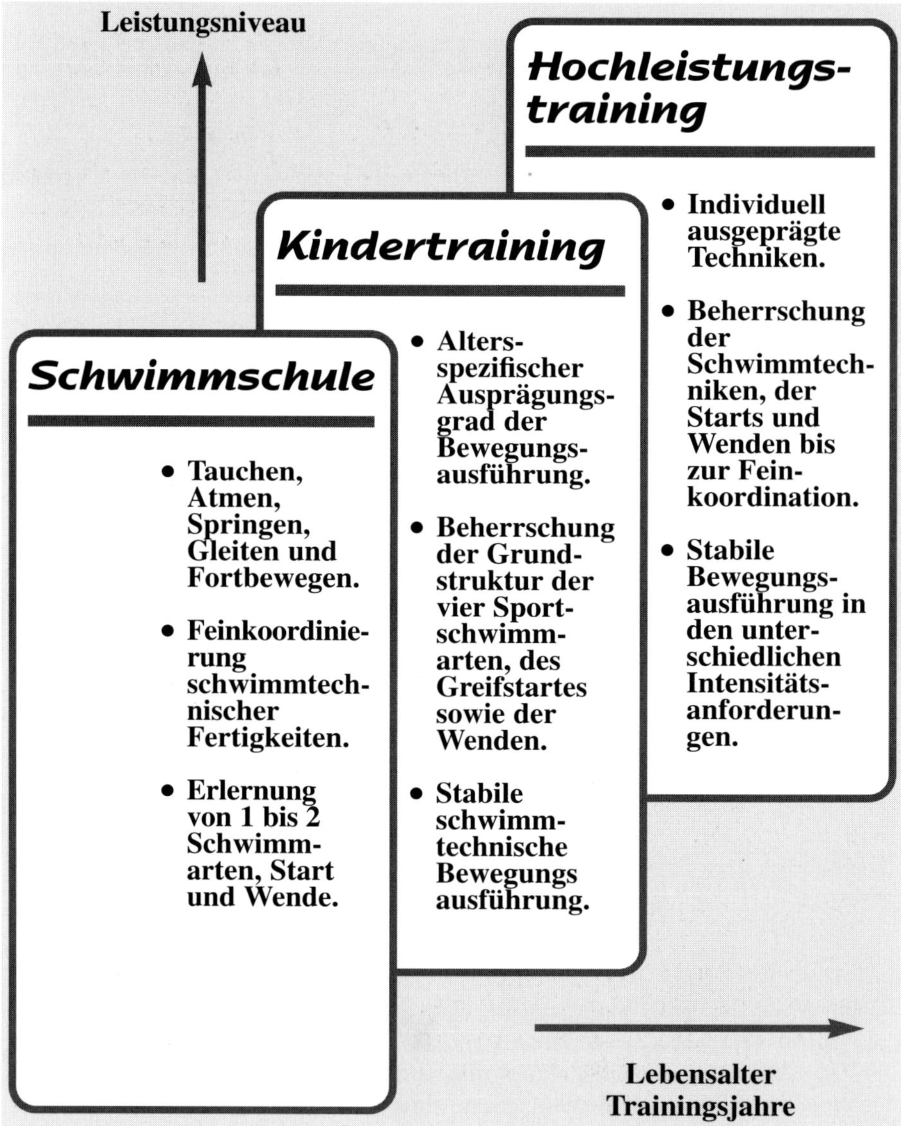

Abb. 1: Die Planung der schwimmtechnischen Ausbildung im langfristigen Leistungsaufbau (vgl. [illegible])

1.1 Entwicklung des Kraulschwimmens

▲ Schwimmarten

Aus Überlieferungen ist zu erkennen, daß das heutige ***Kraulschwimmen*** und auch das ***Schwimmen in der Rückenlage*** bereits im ***Altertum existierte***. Schwimmdarstellungen oder Abbildungen der Schwimmtechniken gibt es aus dieser Zeit allerdings nicht.

In **Europa** waren während des ***Mittelalters*** alle ***Schwimmstile völlig in Vergessenheit geraten***. Erstmalig wird in **Deutschland 1538** auf die Schwimmtechnik des ***Brustschwimmens*** hingewiesen, mit deren Bewegungen diejenigen der Frösche nachgeahmt wurden.

Seit dem **18. Jahrhundert** ***entwickelte sich das Rückenschwimmen parallel zum Brustschwimmen***, besonders gelehrt von ***GutsMuths*** in seinem 30jährigen Schwimmunterricht in Schnepfenthal. In der Rückenlage wurden die Arme im Gleichschlag über Wasser gebracht und kräftig bis zum Oberschenkel unter Wasser gezogen, die Beine führten einen Grätschschlag, ähnlich dem Brustschwimmen, aus. Heute noch wird diese Form als ***„volkstümliches Rückenschwimmen“*** in der bekannten Form des Rückengleichschlagschwimmens oder ***„Altdeutsch schwimmen“*** geübt.

1873 wurde aus **Südamerika** eine ***neue Technik des Schwimmens in der Brustlage*** nach Europa gebracht, bei der die ***Scherbewegung der Beine*** noch ausgeführt wurde, jedoch ***beide Arme wechselseitig über Wasser*** nach vorn geführt wurden. Aus dieser Technik entwickelte sich in Deutschland das ***„Hand-über-Hand-Schwimmen“*** **(Lewin, G. 1982, S. 35)** mit der Ausführung des Beinschlages in der Brustbewegung und dem abwechselnd über Wasser Nach-vorn-schwingen der Arme.

1906 zeigte der **Australier** ***Healy*** eine neue Kraultechnik, woraus sich das ***„Crawlschwimmen“*** entwickelte, das in der deutschen Schreibweise später zum ***„Kraul“*** angeglichen wurde. Diese Schwimmtechnik ist dadurch gekennzeichnet, daß zur ***wechselseitigen Armbewegung der Wechselschlag der Beine koordiniert*** wurde, jedoch schlug der ***Fuß bis zum Unterschenkel aus dem Wasser und peitschte*** kraftvoll ***auf die Wasseroberfläche***.

Erst **1912** brachte der **Amerikaner** ***Kahanamoku*** die letzte wesentliche Verbesserung im Kraulschwimmen mit dem ***vollständigem Wechselschlag der Beine*** im Wasser. Diese Schwimmtechnik hat sich bis heute im grundsätzlichen erhalten.

Anfang des **20. Jahrhundert** entwickelte sich mit dem ***Bekanntwerden des Kraulschwimmens ebenfalls die Technik des Rückenschwimmens zum Rückenkraulschwimmen***. Bei den Olympischen Spielen 1912 in Stockholm zeigte der ***Amerikaner Hebner*** erstmalig diese ***neue Technik des Rückenschwimmens*** und siegte mit Vorsprung vor dem zweitplazierten, der noch im Rückengleichschlag schwamm. ***Diese Rückenkraul-Schwimmtechnik setzte sich im Wettkampfsport immer mehr durch.*** Die Grundstruktur des Rückenschwimmens blieb im wesentlichen seit dieser Zeit unverändert.

▲ Starts

Im Jahre **1912** wurde in Deutschland bei organisierten Schwimmwettkämpfen erstmalig der ***Start mit einem Sprung*** eingeführt. Beim ***Rückenschwimmen*** wurde allerdings noch aus der Schwimmlage mit ***Abstoß*** gestartet.

Der Start

hat bis zur heutigen Form verschiedene Entwicklungsstufen durchlaufen. Von ersten Schwimmwettkämpfen ist bekannt, daß aus der Schwimmlage gestartet wurde.

Der Startsprung wurde für sämtliche Schwimmarten ab **1920** vom ***Bassinrand*** ausgeführt und ***vier Jahre später*** der Start für das ***Rückenschwimmen mit Abstoß in der Rückenlage wieder in das Wasser verlegt***.

Erst bei den Olympische Spielen **1952** starteten einige Sportler beim ***Rückenstart aus der Überlaufrinne***, das weitgehend dem Startsprung rückwärts ähnelt. Von der **FINA** wurden anschließend international **gültige Wettkampfbestimmungen** angeboten, die dem Rückenstart bis heute weitestgehend entsprechen.
Seit den Olympischen Spielen **1936** wird in den ***übrigen Schwimmarten*** nur noch vom ***Startblock*** gestartet.

▲ Wenden

Die zunehmenden ***Veränderungen des Bäderbaus → flache oder tiefe Schwimmbecken, Balkenbegrenzung u.v.m.*** hatten einen wesentlichen ***Einfluß*** auf die Entwicklung der ***Wendearten*** und die Verbesserung der ***Wendetechnik***. Die herkömmlich angewandten Wendearten, wie diejenige der ***Aufsteh- und Balkenwenden*** **(Lewin, G. 1982, S. 38)** bis hin zur ***aktuellen, tiefen Wende*** fanden auch ihre Auswirkungen in der Formulierung der Wettkampfbestimmungen.

Wenden
bei Wettkämpfen auf der Schwimmbahn betragen meistens ein Vielfaches, d.h. die Schwimmer müssen ihre Schwimmrichtung einmal oder mehrmals verändern. Diese Tatsache verdeutlicht die große Bedeutung der Wenden.

Die Wenden können bei allen Sportschwimmarten in ***drei Gruppen*** zusammengefaßt werden:

● *hohe Wenden,* ● *flache Wenden und* ● *tiefe Wenden.*

Das **Hauptmerkmal** zur Bezeichnung der Wenden bildet jeweils die ***Lage des Kopfes*** und des ***Rumpfes während der Drehung.***

In der Vervollkommnung der Wendetechnik liegen noch große Reserven. Um die Rekorde der einzelnen Schwimmdisziplinen noch zu verbessern, werden die Techniken und Bewegungsabläufe noch häufig weitere Änderungen und Verbesserungen erfahren.

1.2 Schwimmerische Grundfertigkeiten

Zur Erfüllung schwimmerischer Fertigkeiten muß der Schwimmer folgende ***schwimmerischen Grundfertigkeiten*** erwerben und beherrschen:

● *Tauchen,* ● *Gleiten,* ● *Springen,*
● *Fortbewegen und* ● *Atmen.*

Im Prozeß des Erwerbs von ***Wassersicherheit*** und ***Schwimmfähigkeit*** stellen diese ***Grundfertigkeiten eine Einheit*** dar. Sie sollten im Prozeß des Schwimmenlernens gleichzeitig erworben und gefestigt werden. In der ***Erarbeitung und Profilierung der Schwimmtechniken***, unter dem Aspekt der zielgerichteten sporttechnischen Ausbildung im Wasser, werden diese ***Grundfertigkeiten*** in den Ausbildungsprogrammen weiterhin enthalten sein und im ***Lerntraining kontinuierlich Anwendung finden***.

- Für die Herausbildung der Schwimmtechniken sind die Grundfertigkeiten, insbesondere in der Wechselbeziehung mit der Atmung, von besonderer Bedeutung.

• Tauchen stellt eine bedeutende Voraussetzung für das sichere Verhalten des Schwimmers im Wasser dar.

➠ *Durch die richtige **Demonstration** sowie mit einer **altersgerechten Erklärung** für die Schwimmer kann eine **optimale Erlernung des Tauchens in Verbindung mit dem Atmen** erreicht werden. Der Schwimmer muß gelernt haben, daß er die **Luft beim Tauchen nicht pressen** darf und daß er sie **allmählich** und **gleichmäßig abblasen** muß.*

➠ *In der weiteren Erarbeitung der **Tauchfertigkeiten** lernen und festigen die Sportler die Fähigkeit, sich **unter Wasser fortzubewegen**, sich **zu orientieren** bzw. **Gegenstände zu ertauchen** und sie **zu transportieren.***

! **Eine sehr enge *Wechselbeziehung* besteht zwischen *Tauchen* und bewußtem *Atmen*.**

Dieser enge Zusammenhang sollte in der ***Erarbeitung und Stabilisierung der Grundfertigkeiten*** im Aufbau und in der ***Systematik der Lerntrainingsstunden beachtet werden.***

• Springen ins Wasser hat für den Erwerb von Wassersicherheit eine hohe Bedeutung.

Das ***Springen ins Wasser fördert*** auch die für das Training und den Wettkampf wertvollen ***Charaktereigenschaften*** wie:

• Selbstüberwindung, • Mut und • Entschlußkraft.

➠ Im Entwicklungsprozeß der Schwimmausbildung wird das **Springen *systematisch in tieferes Wasser verlegt*** und gleichzeitig auch das ***Kopfeinwärtstauchen für den Startsprung*** vorbereitet.

• **Gleiten** **ist die Basis für den Schwimmer, wenn er sich vom Bassinrand abstoßen, in waagerechter Körperlage im Wasser gleiten kann und die Auftriebskraft des Wassers empfindet.**

➡ Der Schwimmer hat gelernt, die horizontale Lage im Wasser des Körpers auszubalancieren sowie durch Fremdantrieb, mit der Gleitstange oder Partner, als auch durch Eigenantrieb, mit Abstoß vom Bassinrand, die verstärkte Auftriebswirkung zu spüren.

! **Bei *gut gestreckter Körperlage* von den Fingern bis zu den Füßen wird in diesem Zusammenhang die *zweckmäßige Körperhaltung in Brust- und Rückenlage erlernt und geübt.***

• **Fortbewegen** **im Wasser erfolgt durch den Einsatz von Armen und Beinen. Wobei die Arme beim Rücken- und Kraulschwimmen den größten Anteil am Vortrieb haben.**

➡ Beim ***Fortbewegen*** im Wasser erfährt und erarbeitet der Schwimmer ***neue Koordinationsformen der Arme und Beine, die von denjenigen an Land völlig verschieden sind.***

➡ Für das Schwimmen als ***Wettkampfsport*** haben sich in der Gegenwart die ***vier Formen der „Sportschwimmarten"*** durchgesetzt. In erster Linie waren die ***Aspekte*** der ***Zweckmäßigkeit, Ökonomie und Schnelligkeit der Bewegung*** ausschlaggebend für ihre Durchsetzung.

● **Atmen** **hat für das Erreichen einer guten Leistung eine entscheidende Bedeutung.**

! Schwimmen ist Atmen

➡ Die **Atmung**, als eine grundlegende Voraussetzung beim Schwimmen, sollte vom ***Anbeginn der schwimmerischen Ausbildung*** in der Methodik der Lehrinhalte ***berücksichtigt*** und in ihrer ***Qualität voll herausgebildet werden.***

➡ Die Grundfertigkeit – **Atmen** – ist die ***Voraussetzung*** für das

- ***effektive Erlernen*** und ***qualitative Umsetzen der Schwimmarten***, der
- effektiven ***Beherrschung der Start- und Wendenübergänge*** in die ***Gesamtbewegung*** sowie der
- Verbesserung der ***Ausdauerfähigkeit***.

➡ Für den Schwimmer ist es von großer Bedeutung, daß er lernen muß

- ***gegen den Wasserwiderstand auszuatmen***
- ***einen bestimmten Atemrhythmus zu beherrschen:***
  - ➥ kurze und intensive Einatmung über Wasser und
  - ➥ allmähliche Ausatmung durch Mund und Nase unter Wasser (außer beim Rückenschwimmen).

In den folgenden Ausführungen werden praktische Übungsformen zur Unterstützung des Schwimmtechnik-Lerntrainings vorgestellt.

☞ **Praxisbeispiel**

Tauchen und Atmen

Die Luft soweit ausatmen, daß der Körper nicht mehr an die Wasseroberfläche treibt. Diese Übung kann auch in Wettbewerbsform durchgeführt werden, mit der Anweisung:

„Wer kann durch kräftiges, langandauerndes Ausatmen auf dem Bassinboden sitzen oder liegen?"

Hände fassen die Haltestange, Körper aus dem Wasser herausheben, anschließend senkrechtes Abtauchen und Hände kurzzeitig vom Beckenrand lösen, durch Mund und Nase ausatmen. Abstoß vom Beckenboden bei vollständiger Ausatmung, nach dem Auftauchen wieder am Beckenrand festhalten. Danach ohne Pause die Übung fortsetzen.

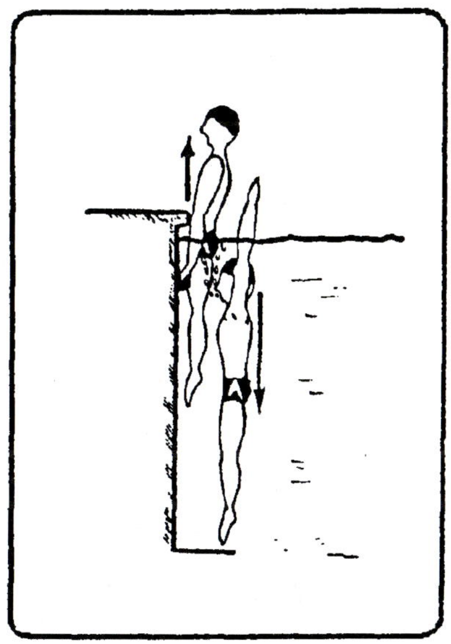

Übungswiederholung: Fünf- bis zehnmal bei Variation der Wassertiefe.

Korrekturmöglichkeiten bei Atemfehler:

- ***Zu schnelles, überhastetes Ausatmen***
  Übungswiederholung mit andauerndem, gleichmäßigen Ausatmen und dementsprechend langsames Senken des Körpers auf den Bassingrund.
- ***„Pressen" der Luft***
  Übungswiederholung mit dem Hinweis, nach der vollständigen Ausatmung sofort aufzutauchen.

☞ ***Praxisbeispiel***

Springen und Atmen

Beliebiger Fußsprung aus dem Stand, weit nach vorn abspringen, Armschwung einbeziehen, untertauchen mit dem Kopf unter Wasser und vollständig die Luft ausblasen.

Stand im schultertiefen Wasser, kraftvoller Strecksprung mit tiefem Einatmen, anschließendes Niederhocken mit dem Kopf unter Wasser und kräftiges, langes Ausblasen der Luft. Diese Übung mehrmals hintereinander ausführen.

Ziel dieser Übung:

- ***Einatmung beim Sprung***, aus dem Sprung in die tiefe Hocke gehen, den ***Körper untertauchen*** und ***vollständig ausatmen***. Auf diese Weise können die vielfältigen Formen von Sprüngen in Verbindung mit der Einatmung und der Unter-Wasser-Ausatmung geübt werden.
- Diese Übungsformen sind gleichzeitig ***Vorbereitungsmöglichkeiten der Starts*** in Verbindung mit der ***Einatmung, dem Übergang in die Schwimmbewegung*** sowie dem ***vollständigen Ausatmen*** in dieser Phase.

Übungswiederholung: Fünf- bis zehnmal mit Sprungvariationen.

Korrekturmöglichkeiten bei Atemfehler:

- *Sofortiges Auftauchen*
  Übungswiederholung mit bewußtem Untertauchen und Ausatmen bzw. erst bei vollständiger beendeter Ausatmung auftauchen oder durch Zählen (etwa im Sekundenrhythmus) die Ausatmung unter Wasser verlängern.

!

Wird das *Springen ins Wasser* entsprechend den *„didaktischen Prinzipien“ aufgebaut* und die Schwimmer auch für die einfachen Formen der volkstümlichen Sprünge begeistert, können die *Fertigkeiten durch den ständig neuen Anreiz besonders gut herausgebildet werden.*

☞ Praxisbeispiel

Gleiten und Atmen

Aus dem Stand am Beckenrand, Niederhocken, Abstoß mit einem Fuß von der Wand, Gleiten in Körperstrecklage und vollständiger Ausatmung.

Aus dem Stand am Beckenrand, Abstoß, Gleiten in Körperstrecklage mit anschließender Rolle vorwärts mit Ausatmen.

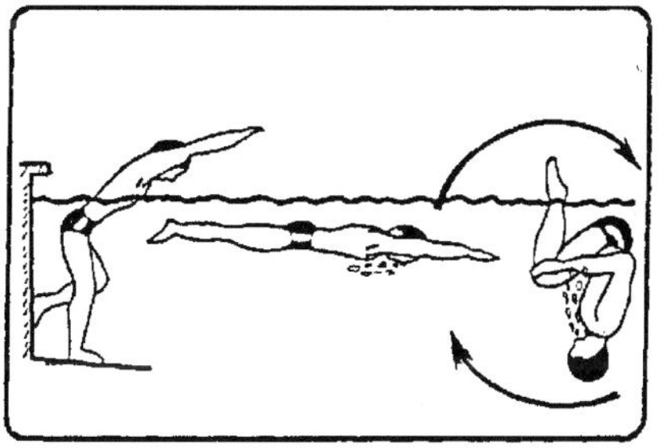

Ziel dieser Übung:

- Übergang des Abstoßes vom Bassinrand in Verbindung mit dem ***Gleiten und vollständigen Ausatmen der Luft.***
- Üben der ***Koordination: Abstoß – Gleitphase – ausatmen.***

Übungswiederholung: Fünf- bis zehnmal mit kraftvollem Abstoßen vom Beckenrand.

Korrekturmöglichkeiten bei Atemfehler:

- ***Zu lang andauernde Einatmung vor dem Abstoß***
  Hinweis auf kräftiges, kurzes Einatmen evtl. mit akustischen Hilfen.
- ***Ausatmung erfolgt über Wasser mit gleichzeitiger Verschlechterung der Gleitlage***
  Übungswiederholung durch Gleitübungen mit dem Kopf unter Wasser.
- ***Ungenügendes Ausatmen mit zu großem Restvolumen an Luft***
  Übungswiederholung mit dem Hinweis der vollständigen Ausatmung bzw. bis zehn (10') zählen lassen.

! **Das *Gleiten in Verbindung mit dem Atmen* behält während der gesamten Schwimmausbildung und beim Kindertraining seine *zentrale Bedeutung* für das *Erlernen der Schwimmarten* sowie der *Starts* und der *Wenden*.**

☞ *Praxisbeispiel in Verbindung mit spielerischen Übungsformen*

Fortbewegen und Atmen

Ein Partner geht durch das Wasser, der übende Sportler faßt mit beiden Händen dessen Hüfte (hüfttiefes Wasser) oder dessen Schulter (schultertiefes Wasser), die Arme sind gut gestreckt. Mit kraftvollen Beinbewegungen wird die Fortbewegung unterstützt. Ins Wasser wird kräftig ausgeatmet, zur Einatmung den Kopf anheben.

Schiebekarre in Rückenlage
Der Partner faßt den übenden Sportler an den Oberschenkeln oder Kniegelenk und schiebt ihn die vorgegebene Strecke. Der übende Sportler schwimmt Rückenarme mit vorgegebenem Atemrhythmus.
Hinweis: Regelmäßiger Rhythmus der 1er oder 2er Atmung soll in Verbindung mit Armbewegung erfolgen.

Übungsdurchführung mit der Anweisung:

„Vollständiges, gleichmäßiges Ausatmen mit anschließendem kurzen, aber kräftigen Einatmen.“

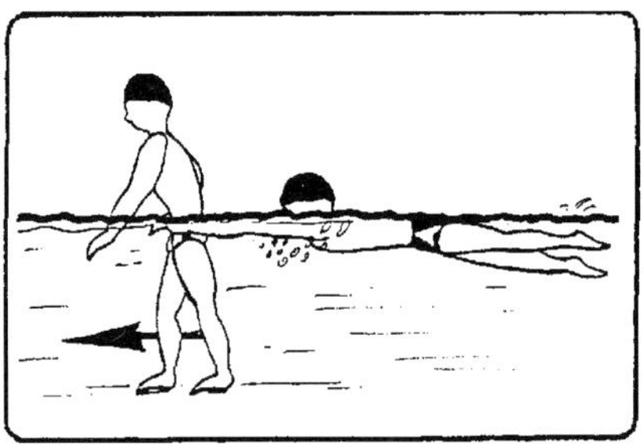

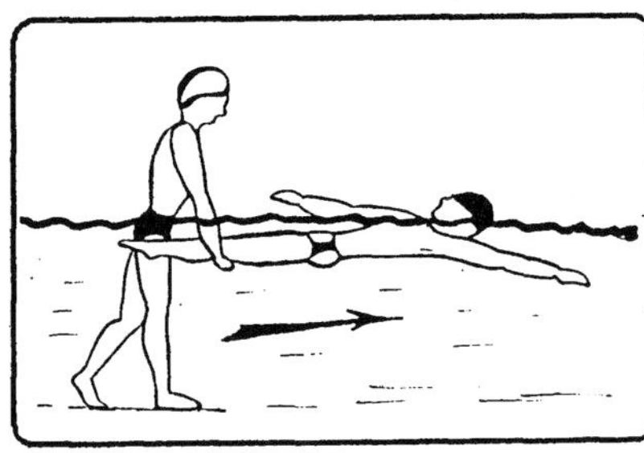

Ziel **dieser Übung:**

- ***Atmungsübungen***, eingepaßt in ***Teilbewegungen der Schwimmart*** sowie in Verbindung mit ***Fortbewegung durch Partnerhilfe***.

Übungswiederholung: Durchziehen des Partners von 12.5 bis 25 m, danach Partnerwechsel mit 6 - 8 Wiederholungen.

Korrekturmöglichkeiten bei Atemfehler

- ***Der Kopf wird zur Einatmung zu hoch aus dem Wasser gehoben***
  Übungswiederholung mit dem Hinweis, daß das Kinn auf dem Wasser liegenbleibt.
- ***Der Kopf wird zur Ausatmung zu tief gesenkt***
  Übungswiederholung mit dem Hinweis, daß der Kopf zwischen den gestreckten Armen bleibt.
- ***Der Oberkörper wird zur Einatmung angehoben und das Gesicht zeigt zur Wasseroberfläche und nicht nach vorn***
  Übungswiederholung mit dem Hinweis, die Arme gestreckt zu halten, um zu hohes Hinausdrücken des Oberkörpers aus dem Wasser zu verhindern.

! **Zur Gewährleistung einer vielseitigen Schwimmausbildung ist anzustreben, daß der Schwimmer den Anforderungen des Fortbewegens mit der rhythmischen Einbeziehung der Atmung in die Bewegung der Arme und Beine gerecht wird.**

☞ ***Praxisbeispiel***

Atemschule (Flachwasser)

Liegestütz im Flachwasser
Gleichmäßiges, kräftiges Ausatmen ins Wasser ➞ Anheben des Kopfes mit tiefem Einatmen ➞ Kopf senken und ausatmen ins Wasser.

Partnerübung
Ein Sportler hält einen Reifen an der Wasseroberfläche Der übende Sportler taucht erst nach langem und kräftigem Ausatmen unter Wasser wieder auf.

Ziel dieser Übung:

- Erlernung einer ***regelmäßigen Ein- und Aus-Atemtechnik*** mit einer ***verlängerten Ausatmung*** sowie einer relativ ***kurzen, aber kräftigen Einatmung.***

Übungswiederholung: Zehn- bis zwanzigmal hintereinander regelmäßiges Ein- und Ausatmen.

Korrekturmöglichkeiten bei Atemfehler:

- ***Bei „flacher" (zu geringe) Einatmung***
  Übungswiederholung mit bewußter, kräftiger Einatmung.
- ***Bei verspätetem Ausatmen unter Wasser***
  Hinweis, daß mit dem Senken des Kopfes die sofortige Ausatmung beginnt.
- ***Unvollständige Ausatmung unter Wasser***
  Übung des Ausatmens bewußt verlängern, mit dem Hinweis, den Kopf erst bei vollständiger, beendeter Ausatmung anzuheben.

☞ *Praxisbeispiel*

Atemschule (Tiefwasser)

Sprung ins tiefe Wasser (bis 3 m), Abstoß vom Beckenboden, Abknicken in den Hüften, senkrechtes Abtauchen kopfwärts mit Ausatmen durch Mund und Nase, Berühren des Bodens mit den Händen, Abstoß vom Beckenboden und Fortsetzung der Übung.

Hände fassen die Überlaufrinne, kurzes Hochstützen, Strecken der Arme über den Kopf, senkrechtes Abtauchen fußwärts (ca. 2.5 m) mit Ausatmen durch Mund und Nase, Abstoß vom Beckenboden, auftauchen.

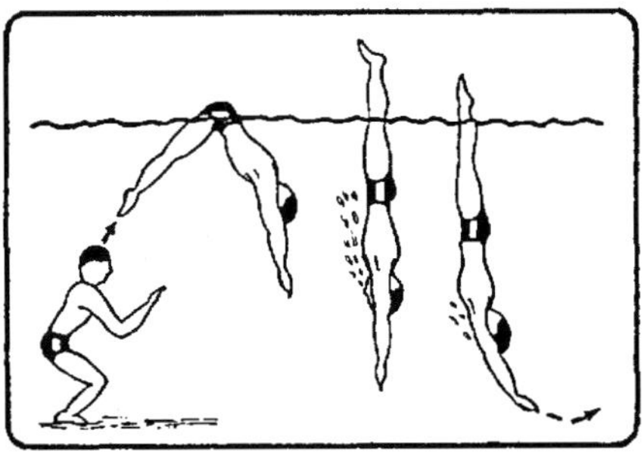

Achtung:
Der Sportler muß beim Tauchen beobachtet werden. Das bedeutet im Schwimmunterricht, daß nur ein Sportler tauchen darf!

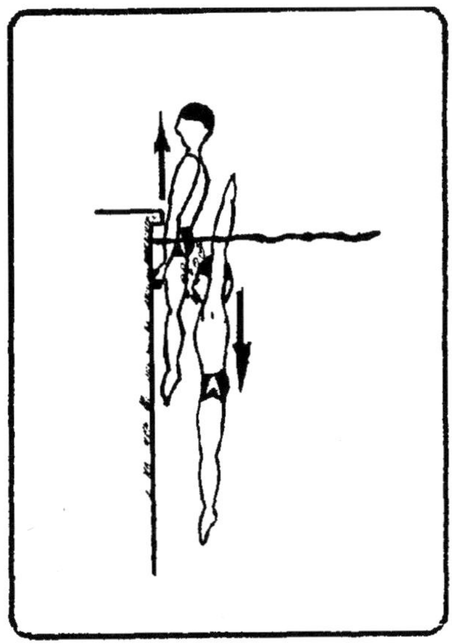

Ziel dieser Übung:

- ***Regelmäßiges, rhythmisches Einatmen über Wasser und Ausatmung unter Wasser mit Öffnen der Augen zur Orientierung.***

Hinweise:

- Luft bewußt durch Mund und Nase ausblasen.
- Abtauchen senkrecht, kopfwärts mit der Ausatmung während der gesamten Unterwasserphase.
- Einatmung kurz und intensiv durch weit geöffneten Mund.

! In der ***schwimmtechnischen Ausbildung des Kindertrainings*** müssen diese erworbenen und stabilisierten ***Grundfertigkeiten komplex angewendet werden.*** In der weiteren Folge der Ausbildung und der ***qualitativen Spezialisierung*** der ***Schwimmtechnik, Starts*** und ***Wenden*** wird die ***Beherrschung dieser Grundfertigkeiten*** vorausgesetzt.

1.3 Erstschwimmart

Die Reihenfolge in der Erlernung der Schwimmarten ist weitgehend abhängig von der jeweiligen Zielstellung der Schwimmausbildung und vom Lebensalter der Lernenden!

- Für eine ***Schwimmausbildung im Erwachsenenbereich*** empfiehlt sich zuerst das ***Brustschwimmen,*** in der *Brustlage* mit dem ***Blick über dem Wasser,*** um im Freischwimmen ***„Hindernisse" zu erkennen.***

- Beim ***Schwimmunterricht mit Kindern*** dagegen ist es zu empfehlen, zuerst mit den ***Rücken-Kraulschwimmarten*** zu beginnen. Da es in der Gegenwart und in der Perspektive überwiegend Kinder sein werden, die das Schwimmen erlernen, sei nachfolgend die **Begründung für die Erstschwimmart Rückenkraul** aufgezeigt:

❶ In der **Entwicklung der Lokomotionsbewegungen** des Kleinst- und Kleinkindes herrschen die ***alternierenden Bewegungsformen*** und die ***gekreuzte Koordination*** vor, wie

Krabbeln, Kriechen, Gehen, Klettern, Laufen.

Beim Erlernen der Wechselschlagarten des Schwimmens kann an diese bereits erworbene Bewegungserfahrung angeknüpft werden.

❷ Durch sich das ergänzende und abwechselnde Üben der ***Wechselschlagbewegung*** in der ***Rückenlage*** *(Rückenschwimmen)* und ***Brustlage*** *(Kraulschwimmen)* ist die Grundlage für das **gleichzeitige Erlernen von zwei Schwimmarten** gelegt und die ***dritte*** - die ***Delphinbewegung für das Schmetterlingsschwimmen*** - mit ***vorbereitet.***

❸ Für den **Wettkampfsport** sei noch erwähnenswert, daß ***70% der Wettbewerbe*** in den ***Wechselschlagdisziplinen*** ausgetragen werden.

❹ Für die gesunde **Verbesserung der Körperhaltung** des Kindes muß der Einfluß der ***Wechselzugbewegung der Arme*** auf die ***Beweglichkeit der Wirbelsäule höher*** eingeschätzt werden ***als die Gleichzugbewegung*** beim Brustschwimmen.

- In der gegenwärtigen **Schwimmausbildung** hat sich das didaktische Prinzip bewährt, in der folgenden ***Abfolge*** den Bewegungsablauf zu vermitteln:

1. Beinbewegung, 2. Armbewegung,
3. Gesamtkoordination der Arm- und Beinbewegung.

Der relativ leicht zu erlernende **Wechselschlag der Beinbewegung** in Rücken- und Brustlage erreicht darüber hinaus durch den ***pausenlosen Antrieb*** einen ***günstigen Vortrieb.*** Somit wird eine ***günstige, hydrodynamische Körperlage im Wasser*** erreicht, bei der die Körperlängsachse einen leichten Anstellwinkel zur Wasseroberfläche – im Sinne einer ***„Gleitbootlage"*** – erhält.

! ***Diese Körperlage ist für die Armbewegung, zur freien und zweckmäßigen Bewegung über Wasser, sehr wesentlich.***

In entsprechend genügender Wassertiefe kommt die Schlagbewegung der Beine zur Wirkung.

Zur Fortbewegung bzw. zur **Erlernung der Schwimmarten** wird deshalb ***zuerst die Beinbewegung*** gelehrt. Die Basis zur Weiterentwicklung der Schwimmtechnik sollte sein, daß der Schwimmschüler mindestens 20 bis 25 m Beinbewegung zurücklegen kann.

Die Vorbereitung und Erlernung der **Armbewegung** erfolgt durch ***viele Übungsformen.*** Der Weg über das *„Hundepaddeln"* gehört der Vergangenheit an und ist für den Lernprozeß der Wechselschlagbewegung der Arme unzweckmäßig und hinderlich.

! ***Auf eine korrekte Überwasserführung der Arme ist von Anbeginn des Lernprozesses zu achten.***

Die **Atmung** in ihrer Rhythmik – Einatmung und gleichmäßige Ausatmung in der Bewegung – ist von ***Beginn der Bein-, der Armbewegung*** und der ***Gesamtkoordination im Lernprozeß zu beachten!***

Für das Kindertraining ist zu empfehlen, mit den *Wechselschwimmarten – Rücken- und Kraulschwimmen –* zu beginnen und daran das Brustschwimmen und Schmetterlingsschwimmen anzuschließen.

! ***Diese Reihenfolge sollte jedoch kein Dogma darstellen!***

Im Kindertraining muß der Grundsatz gelten: *Eine vielseitige, sportartgerichtete Ausbildung* vorzunehmen und möglichst alle Sportschwimmarten mit einer *effektiven Schwimmtechnik* auszubilden.

1.4 Lernschrittfolge zur Erarbeitung der Schwimmtechniken

Das Erarbeiten und Vervollkommnen der ***Schwimmarten,*** der ***Starts*** und ***Wenden basiert*** auf ***zielgerichteten*** und ***systematisch aufeinander abgestimmten Lernschritten.*** Die ***Auswahl der Lernschrittfolgen*** sollte ***lerntheoretischen*** und ***pädagogisch-methodischen Erkenntnissen*** sowie ***Praxiserfahrungen*** entsprechen.

❒ Das ***Erreichen*** einer ***hohen Effektivität*** *beim motorischen Lernen* des raschen und stabilen Entwicklungstempos wird maßgeblich davon bestimmt, wie der ***Trainer/Lehrer*** bzw. ***Übungsleiter*** die detaillierten ***Lernschritte plant*** und in die ***Praxis umsetzt.***

! Jeder einzelne geplante Lernschritt ist von der schwimmtechnischen Bewegungsstruktur der eigentlichen Technik-Zielvorgabe abgeleitet.

❒ Im ***motorischen Lernprozeß*** werden die ***Teilziele als Lernschritte*** aufgefaßt. In seiner festgelegten, systematischen Aufeinanderfolge müssen von den ***Sportlern*** die ***technischen Teilanforderungen*** in der ***Bewegungsausführung erarbeitet*** und ***stabilisiert werden.*** Erst mit dem ***Erfüllen*** des ***geforderten technischen Schwerpunktes*** kann die ***Lernschrittfolge fortgesetzt werden.***

❒ Die einzelnen ***Lernschritte*** sind in ihrer ***Aufeinanderfolge beizubehalten.*** Werden die technischen ***Teilanforderungen*** in dem jeweiligen ***Lernabschnitt nicht erfüllt*** oder die ***Aufeinanderfolge*** der ***Lernschritte ungenügend beachtet,*** sind die ***Folgen*** bei den Sportlern ersichtlich in

unzureichenden schwimmtechnischen Fertigkeiten,
einem verzögerten Vervollkommnungsprozeß,
uneffektiven und unökonomischen Bewegungsausführungen.

❒ Geforderte ***technische Details können innerhalb eines Lernschrittes variiert werden.*** Die ***Reihung*** der Teilanforderungen richtet sich nach der jeweiligen ***Gruppenstruktur*** und dem konkreten ***Entwicklungsstand*** der ***Sportler.***

Die ***Auswahl*** der dafür abgeleiteten ***Methoden*** zum Erlernen und Vervollkommnen der schwimmtechnischen Details ist für den ***Übungs- bzw. Trainingsprozeß*** entsprechend ***einzuplanen.***

❒ Die ***zeitliche Dauer der einzelnen Lernschrittstufen*** wird ***einerseits*** vom ***Schwierigkeitsgrad*** des zu übenden technischen Schwerpunktes ***sowie*** dem konkreten ***Ausbildungsstand*** und dem ***Lerntempo der Gruppe bestimmt.***

Eine erhöhte „Wirksamkeit des motorischen Lernprozesses, das Erzielen eines hohen Vervollkommnungstempos wird davon bestimmt, wie der Trainer diesen Prozeß plant und pädagogisch-methodisch führt.”

(**Schramm, E.** 1987, S. 210)

❒ Um den ***Lernprozeß erfolgreich zu gestalten,*** ist es erforderlich, in der Planung folgende ***Akzente*** zu beachten:

- ***Abgeleitet von den schwimmtechnischen Schwerpunkten sind dem Sportler theoretisch fundierte Kenntnisse zu vermitteln.***
- ***Durch die Verbesserung der theoretischen Kenntnisse soll bei den Sportlern auch die exakte Bewegungsvorstellung herausgebildet werden.***
- ***Allgemeine Übungen an Land und im Wasser sollen den Sportlern die Basis notwendiger koordinativer Voraussetzungen für eine ökonomisch-effektive Schwimmtechnik bieten.***
- ***Die Erhöhung und Stabilisierung der konditionellen Voraussetzungen wirkt wiederum unterstützend auf die Stabilität der erworbenen technischen Bewegungsausführung in der geplant zu verlängernden Teilstreckenlänge.***
- ***Spezielle Übungsformen dagegen sollen zur eigentlichen Ziel-Bewegungsstruktur, die dem Technik-Leitbild entsprechen, aufbauend geübt werden.***

1.5 Beobachtung der Schwimmtechniken

Für einen ***erfolgreichen Entwicklungsprozeß der Schwimmtechnik*** ist ein regelmäßiges ***Beobachten*** zwischen der Zielorientierung des Technik-Leitbildes und dem aktuellen Entwicklungsstand ***unumgänglich.***

Beim Schwimmtraining und im Wettkampf sollte in der Beobachtung *„stets nur ein Bewegungsmerkmal hinsichtlich seiner Ausprägung analysiert werden“.*

([illegible] J. 198[illegible], S. 1[illegible])

Ihre ***Auswertung*** ist der ***Ausgangspunkt*** für das weitere ***methodische Vorgehen*** des nachfolgenden schwimmtechnischen ***Lern-*** und ***Vervollkommnungstrainings.***

- ❐ Das ***Aufnehmen eines neuen technischen Anforderungsschwerpunktes***, einer höheren Qualität, ***hängt*** wiederum vom ***Ergebnis*** des Vergleiches von ***Technikziel*** und ***Entwicklungsstand*** *am Ende der geplanten Lernzeit ab.* Wird bei den Sportlern das angestrebte Technikmerkmal in seiner erforderlichen Niveaustufe erfüllt, so kann der folgende technische Schwerpunkt angestrebt werden.
- ❐ Bei ***jeder Trainingsaufgabe*** sollte den ***Sportlern*** das zu erlernende technische ***Bewegungsmerkmal*** durch eine ***bewußte Orientierung*** und ***konzentrative Mitarbeit*** auf detaillierte ***Akzente*** gerichtet sein.

! Zur Lernbekräftigung ist während des Trainings den Sportlern die direkte Sofortinformation ihrer Bewegungsausführung zu übermitteln.

- ❐ Die ***gezielte Beobachtung*** der schwimmerischen Entwicklung im ***Kindertraining*** ist vom Prinzip ***ohne gerätetechnischen Aufwand*** realisierbar. Jedoch ermöglicht ein Einsatz von ***Videotechnik-Analysen*** in regelmäßigen Abständen einerseits ein qualitativ

  differenziertes Beobachten

  durch den Trainer, andererseits dient die nachfolgende ***Auswertung der Videobilder*** mit den Sportlern der

  bewußten Orientierung

  auf ***ein Technikmerkmal*** hin.

1.6 Verbesserung der Schwimmtechniken

Besonders im ***Kindertraining*** sind ***Abweichungen der Schwimmtechniken*** vom zielorientierten Technik-Leitbild auch bei pädagogisch-methodisch richtiger Herangehensweise ***unvermeidlich.***

☞ ***Die im Anfänger-Lernstadium noch gewaltige Diskrepanz zwischen zielorientiertem Technik-Leitbild und der aktuellen Ausführung der Übungsaufgaben wird im weiteren Trainingsvorgang zunehmend geringer, wenn kontinuierlich bei jeder Technikanforderung auf die gezielt-zweckmäßig orientierte Bewegungsausführung geachtet wird.***

Die im Entwicklungsprozeß zunächst noch nicht gefestigten Mängel der Schwimmtechniken, Starts und Wenden dürfen sich keinesfalls zu bleibenden Fehlern entwickeln bzw. stabilisieren.

❐ Für eine ***ökonomisch richtige Schwimmtechnik*** und ***optimale Entwicklung der Schwimmleistung*** ist es absolut erforderlich, ***die Fehler zu beseitigen.***

Bereits gefestigte Fehler durch eine effektive Schwimmtechnik abzubauen, ist sehr zeitaufwendig und im Gruppentraining in seiner Umsetzung nur schwerlich realisierbar.

Beachte:

● ***Hohe Lernfortschritte*** in der Beseitigung gefestigter Fehler sind möglich durch ***exakte, schwimmtechnische Aufträge*** an die Sportler auf ein ***begrenztes Detail*** der Bewegungsausführung, sowie durch

● ***bewußte, konzentrative Mitarbeit und***

● ***ständiges Beobachten und Verbessern durch den Trainer.***

❐ Beim **Lern- und Vervollkommnungsprozeß** der **Schwimmtechniken,** der **Starts** und **Wenden** sind ***zwei Methoden*** bedeutsam und beständig anzuwenden:

A: Bestätigung und **B: Verbesserung**

! **Werden dem Sportler Informationen als Bestätigung oder Verbesserung der Schwimmtechnik gegeben, so handelt es sich um *Rückinformationen - Feedbacks* besonderer Art.**

● Der Ausgangspunkt und die perspektivische Erwartung der ***Bestätigung*** sind ***positiv orientiert*** ⇒ im Sinne der ***Verstärkung*** oder ***Bekräftigung*** der Handlung.

❐ Die ***Verbesserung*** oder auch ***Korrektur*** ist dagegen ***„fehlerzentriert“.***

! **Handelt es sich dabei um eine Bestätigung oder Verbesserung, sollten beide Arten der Rückmeldung letzlich aufbauend vom erkannten Hauptfehler ausgehen,**
„der das entscheidende Hemmnis für das weitere sporttechnische Vervollkommnung bildet.“ (Schnabel, G.; Thieß, G. 1993, S. 384)

A: Bestätigung

- **Mit dem Bestätigen der richtigen bzw. angestrebten Zielvorgabe der Bewegungsausführung werden dem Sportler seine positiv-schwimmtechnischen Lernfortschritte verdeutlicht.**

  Die ***Bewegungsvorstellung verbessert sich*** dadurch und festigt zugleich eine zweckmäßige koordinative ***Bewegungsausführung.***

  Dieses ***Bewußtwerden der richtigen Bewegungsausführung motiviert*** und mobilisiert den weiteren ***Lern- bzw. Trainingsprozeß.***

B: Verbesserung

- **Bei der Verbesserung der Schwimmtechnik werden auftretende Abweichungen bzw. Fehler vom Leitbild beseitigt. Für die Beseitigung der Fehler sind vorerst die Ursachen der Fehler oder Mängel zu erfassen.**

  Im **Kindertraining** ist eine ***gezielte visuelle Erfassung*** durch ein erfahrenes ***„Trainerauge“*** als Analyseinstrument ausreichend, z.B.

> ***Körperlage im Wasser, Merkmale der Bewegungsschnelligkeit sowie Koordination von Einzelbewegungen.***

Die ***Ursachen*** der fehlerhaften Bewegungsausführung könnten zurückzuführen sein auf ein

- ***mangelndes Aufnahmevermögen der Sportler,***
- ***unzureichende Bewegungsvorstellung,***
- ***ungenügende konditionelle und/oder koordinative Fähigkeiten.***

❒ Die ***Verbesserung bzw. Korrektur*** der Schwimmtechnik unterscheidet ***zwei methodische Maßnahmen,*** die ***direkte*** **bzw.** ***indirekte Fehlerkorrektur.***

Direkt ← Fehler-Korrektur → Indirekt

Direkt

- **Bei der direkten Fehlerkorrektur wird der analysierte Technikfehler**
  - ➡ ***genannt***
  - ➡ ***erklärt***
  - ➡ ***bewußt gemacht***
  - ➡ ***evtl. gezeigt (Videoaufzeichnung).***
- **Gezielte, auf den Fehler orientierte Verbesserungshinweise zur anforderungsgerechten Schwimmbewegung sind die Merkmale dieser Korrekturform.**

Indirekt

- **Die indirekte Fehlerkorrektur ist gekennzeichnet durch eine**
  - ➡ ***gezielte Einflußnahme***
  - ➡ ***technikbestimmende***
  - ➡ ***vorbereitende und***
  - ➡ ***unterstützende Übungen beim Land- und Wassertraining, die zur***
- **Verbesserung ungenügender konditioneller und koordinativer Voraussetzungen beitragen.**

Beim Training zur Korrektur von schwimmtechnischen Abweichungen müssen die Trainingsmethoden in erster Linie auf die Beseitigung der Fehlerursachen und keineswegs auf die Fehlererscheinung ausgerichtet sein.

2. TECHNIK

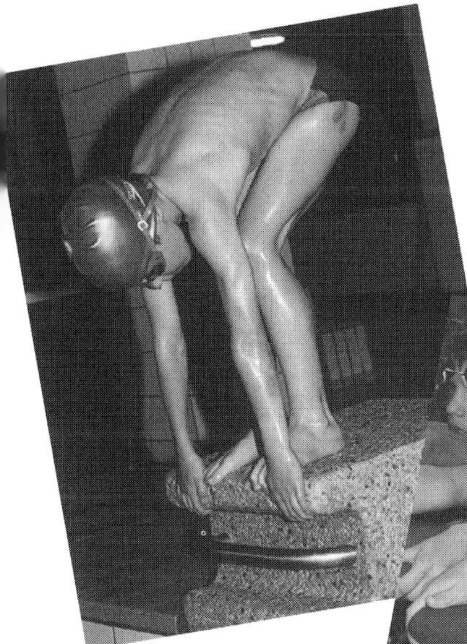

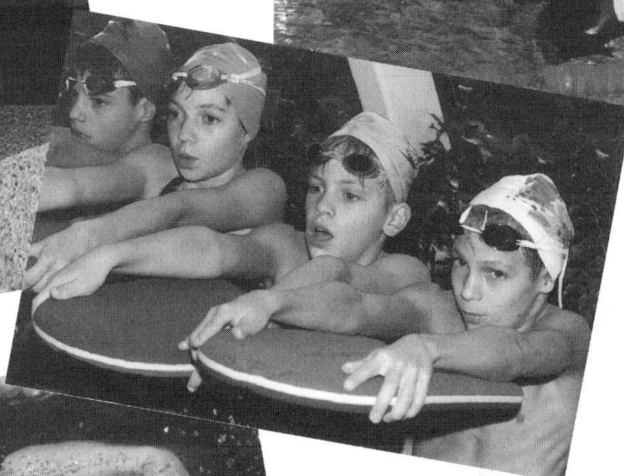

2.1. Methodische Hinweise für die Arbeit mit den Technikprogrammen

Die folgenden Ausführungen enthalten die ***Technikschwerpunkte,*** die ***Grundanforderungen,*** die ***Lernabfolge*** sowie Hinweise zur Verbesserung bzw. Korrektur der vier Schwimmarten, Starts und Wenden.

A: Technikschwerpunkte

- Die folgenden ***Bildreihen des Kraulschwimmens, der Starts und Wenden*** bilden die wesentlichen ***Technikschwerpunkte;*** außerdem sind ausgewählte Bildausschnitte mit ***verbalen Hinweisen*** bzw. gedanklichen ***Tips für den Lern- und Vervollkommnungsprozeß*** enthalten.

- **Für das Training, und hauptsächlich für die Wettkämpfe, ist das Vorhandensein einer guten Start- und Wendetechnik unerläßlich.**

! Durch den ***Start*** soll ***„möglichst schnell eine für das Schwimmen günstige Körperlage mit hoher Anfangsgeschwindigkeit“*** **(Renner/ Dietze/ Müller 1987, S. 14)** erzielt werden.

Beim Kindertraining wird das ***Technik-Lerntraining*** des ***Startsprunges*** für das Kraulschwimmen vom Block als Streckstart mit ***Greifhaltung*** oder ***Armschwung*** verwirklicht.

Die ***Wenden*** sind gegenüber den Starts von zusätzlicher Wichtigkeit, da diese im Training bzw. Wettkampf mehrmals ausgeführt werden.

! Die ***Wende*** wird im Sportschwimmen definiert als eine ***„Umkehr am Ende der Schwimmbahn zur Fortsetzung eines Wettkampfes, wenn die Strecke länger als eine Bahn ist“.*** **(Thiesz/ Schnabel/ Baumann 1980, S. 257)**

☞ **Für eine qualitativ gute Wendentechnik ist auch das Niveau der Ausdauerentwicklung entscheidend.**

Das Schwimmen von längeren Strecken mit den dafür erforderlichen Wenden setzt ein ausreichend entwickeltes Ausdauervermögen voraus.

- Für das ***Technik-Lerntraining*** werden im Kindertraining folgende ***Ausführungsarten der Kraulwende*** empfohlen:

Kraulschwimmen: ➠ ***hohe, seitliche Drehwende;***
➠ ***tiefe Rollwende mit Armzug*** (Einzel- oder Doppelarmzug);

Lagenschwimmen: **Brustschwimmen zum Kraulschwimmen**
➠ ***hohe, seitliche Wende.***

B: Grundanforderungen

- In regelmäßigen Abständen sollte das ***Ergebnis des Technik-Lerntrainings hinsichtlich seiner Zweckmäßigkeit*** mit den ***Grundanforderungen der Schwimmarten, der Starts und Wenden verglichen werden.*** Im Kindertraining erfolgt die ***Auswertung des Lern- und Vervollkommnungsprozesses vorwiegend gruppenspezifisch.*** Die gruppentypischen Abweichungen von den technischen Grundanforderungen sind richtungsweisend für das weitere trainingsmethodische Herangehen.

C: Lernabfolge

- Zur Erlernung und Vervollkommnung der ***Schwimmtechnik, der Starts und Wenden*** werden bei der ***„Lernabfolge"*** praktische ***Tips für eine erfolgreiche Gestaltung*** der einzelnen Lernschritte im Kindertraining angeboten. In der ***Lernabfolge*** werden die ***technischen Teilanforderungen*** den ***Schwerpunkten innerhalb der Bewegungsausführung zugeordnet.***

➠ Die (numerierte) ***Lernabfolge ist beizubehalten,*** jedoch kann die ***Reihung der Teilanforderungen*** je nach gruppentypischer Situation ***variiert werden.***

➠ Die angebotenen ***Übungsmöglichkeiten (an Land/im Wasser)*** sind dem entsprechenden ***Entwicklungsniveau anzupassen.***

Tips zum Techniktraining

Mit der Entwicklung der Technik der Sportschwimmarten erfolgt der systematische Erarbeitungs- und Vervollkommnungsprozeß der schwimmartspezifischen Starts und Wenden mit folgenden zu beachtenden ***Regeln***:

- ***Vom Einfachen zum Schweren;***
- ***Ausreichende Übungswiederholungen*** zur Herausbildung technischer Bewegungsfertigkeiten, so daß Korrekturhinweise zur zweckmäßigen Bewegungsausführung durch die Sportler umgesetzt werden können.
- ***Bei Einzelbewegungen muß Gesamtbewegung folgen,*** d.h. die vorausgehende Schulung der Einzelbewegung der Beine bzw. Arme bildet den Schwerpunkt für die folgende Gesamtbewegung.
- ***Hilfsmittel Schwimmbrett*** *(Größe A4)* sollte beim Schwimmen der Bein- und Armbewegung nicht zu direkt am Rumpf gehalten werden. Beim Festhalten der Bretter ist vorauszusetzen, daß der Sportler sich hauptsächlich auf die Ausführung der Tecknikbewegung konzentriert.
- ***Einsatz von Schwimmflossen*** ist mit ***kurzzeitiger Verwendung*** während der Technikschulung der Kraulbeinbewegung zweckmäßig und zur Schulung des Abdruckes vom Wasser einzusetzen.

> **Beachte:**
> Unmittelbar nach dem Techniktraining mit Schwimmflossen sind Schwimmbewegungen ohne Schwimmflossen anzuschließen.

- ***Kurze Teilstreckenlänge für Armbewegung;***
- ***Parallele Entwicklung von Starts und Wenden;***
- ***Hohe Effektivität*** durch kontinuierliches Anwenden von verbalen Technikanweisungen in Verbindung mit der ***Zeichensprache.***

Eine Korrektur von Technikinformationen nach Abschluß des Trainings ist wirkungslos, da die Sportler diese Hinweise nachfolgend nicht mehr verarbeiten und bewegungsmotorisch umsetzen können.

2.2

Kraulschwimmen

Aufgabenstellung

Schnelles Fortbewegen im Wasser in der Brustlage mit dem Einsatz vortriebswirksamer Wechselschlagbewegungen der Beine bei einer strömungsgünstigen Körperlage sowie Beherrschung einer zweckmäßigen Atmung.

A: Technikschwerpunkte Kraulschwimmen

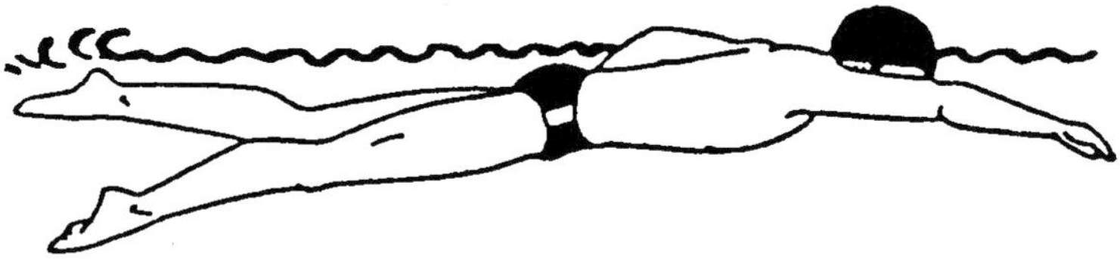

Abb.: K1

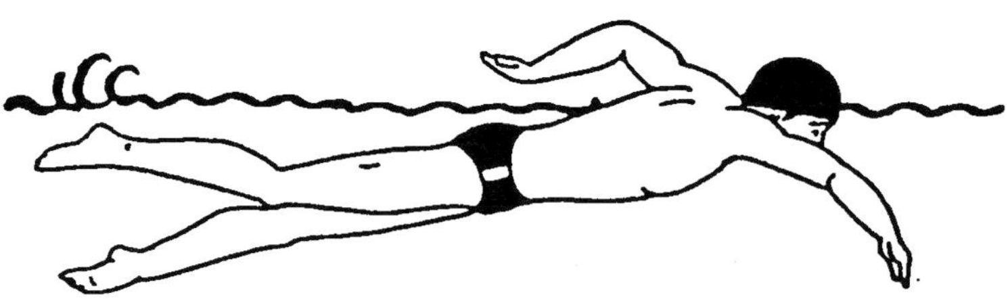

Abb.: K3

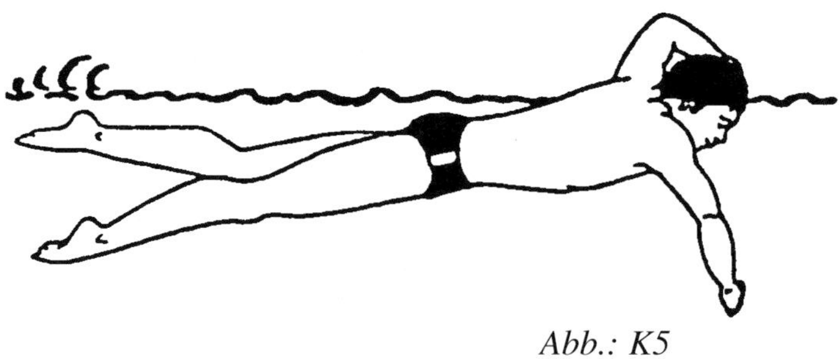

Abb.: K5

Abb. K1 und K2

Arme:
Gute Streckung des Armes parallel zur Körperlängsachse: Nach dem Einsetzen ins Wasser, mit Beginn des Armzuges, beugen im Ellenbogengelenk zur „Ellenbogen-vorn-Haltung.“

Beine:
Füße liegen eng nebeneinander und sind leicht nach innen gedreht. Fuß „überstreckt“ und locker. Oberschenkel leitet die Bewegung nach unten ein.

Atmung:
Ausatmung ins Wasser.

Abb. K3, K4, K5 und K6

Arme:
Steigender Krafteinsatz in der Hauptphase und Einbeziehung des Unterarmes für den Abdruck am Wasser: größte Geschwindigkeit der Hand gegen Ende der Abdruckbewegung.

Atmung:
Ausatmung ins Wasser.

Abb.: K2

Abb.: K4

Abb.: K6

A: Technikschwerpunkte Kraulschwimmen

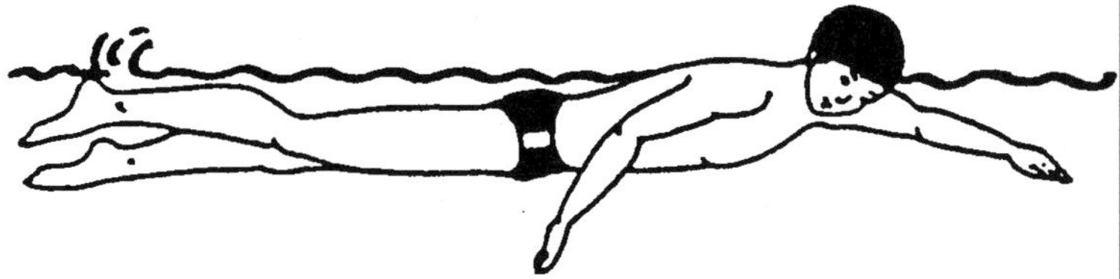

Abb.: K7

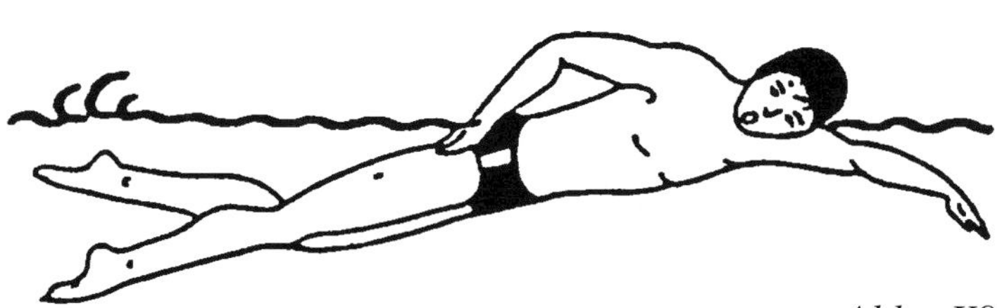

Abb.: K9

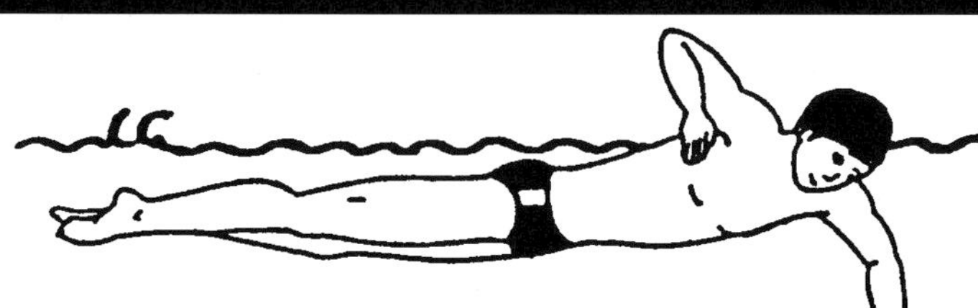

Abb.: K11

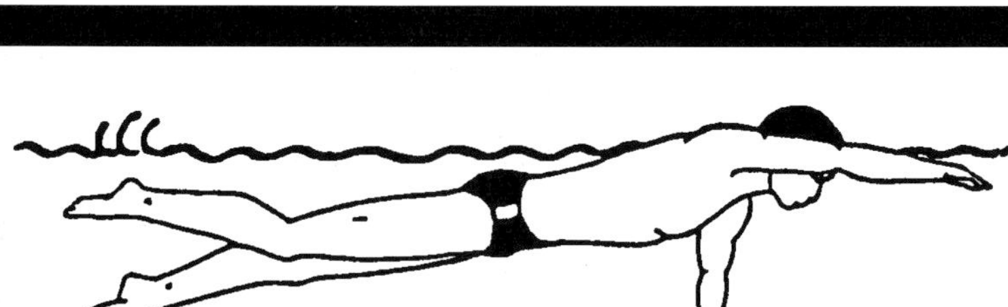

Abb.: K13

Abb. K7, K8, K9 und K10

Arme:
Strecken des Armes in der Abdruckphase: Arm ist leicht gebeugt beim Herausnehmen aus dem Wasser. Beim Vorschwingen ist der Arm entspannt, hohe Ellenbogenhaltung.

Atmung:
Tiefe und schnelle Einatmung am Ende der Abdruckbewegung mit seitlichem Drehen des Kopfes.

Abb.: K8

Abb.: K10

Abb. K 11, K12, K13 und K14

Arme:
Bewegung beider Arme ohne Unterbrechung. Ein Arm vollzieht die Abdruckbewegung im Wasser, der andere Arm schwingt über Wasser nach vorn.

Beine:
6 Beinschläge (auf- und abwärts) innerhalb eines Gesamtzyklus der Armbewegung.

Atmung:
Ein- und Ausatmung innerhalb 1 1/2 Armzyklen (Dreierzugatmung) oder 2 Armzyklen (Viererzugatmung).

Abb.: K12

Abb.: K14

B: Grundanforderungen - Kraulschwimmen

Für die Erfassung der Güte „Bewegungsausführung" im Kraulschwimmen sind die folgenden ausgewählten Bewegungsmerkmale zu beachten:

Grundanforderungen – Kraulschwimmen	
Bewegungsmerkmal	Punkte
1. Beinbewegung in der Gesamtbewegung	
Ununterbrochene und wirkungsvolle Schlagbewegung der Beine aus der Hüfte, bei Beachtung des Bewegungsflusses. ☞ • **6er Schlag!**	*1*
2. Armbewegung	
Ununterbrochene Aufeinanderfolge der Abdruckbewegung der Arme bei regelmäßiger (richtiger) beidseitiger Atemtechnik. ☞ • **Vollständige Ausatmung unter Wasser, kurze und intensive Einatmung, dem Rhythmus der Armbewegung angepaßt.**	*1*
„Wasserfassen" weit vor dem Kopf und schnelles Anstellen der Hände und Unterarme in die zweckmäßige Abdruckstellung nach hinten unten. ☞ • **Optimal langer und kraftvoller Abdruck der Hände bis zum Oberschenkel!**	*1*
Beschleunigungsweg der Hände bis zum „letzten Abdruck". ☞ • **Arme locker und entspannt über Wasser nach vorn schwingen!**	*1*
3. Körperlage	
Annähernd horizontale, ruhige Körperlage mit gestreckter Körperhaltung und angehobener Schulter. ☞ • **Gleitbootlage!**	*1*
Maximum der Punktbewertung	**5**

(vgl.: DSSV 1985, S. 16c)

! ***Die Beobachtungsergebnisse können mit Hilfe der Punktbewertung registriert und gruppenspezifische sowie individuelle, technikspezifische Mängel besser analysiert werden.***

Tips zur gedanklichen Technikorientierung

● Beinbewegung

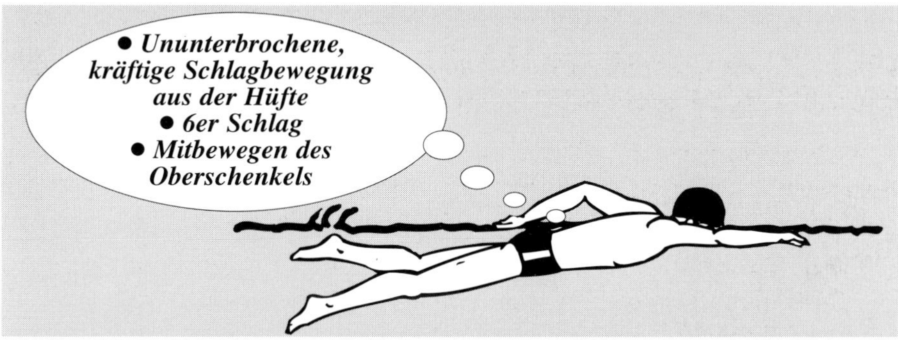

● Armbewegung

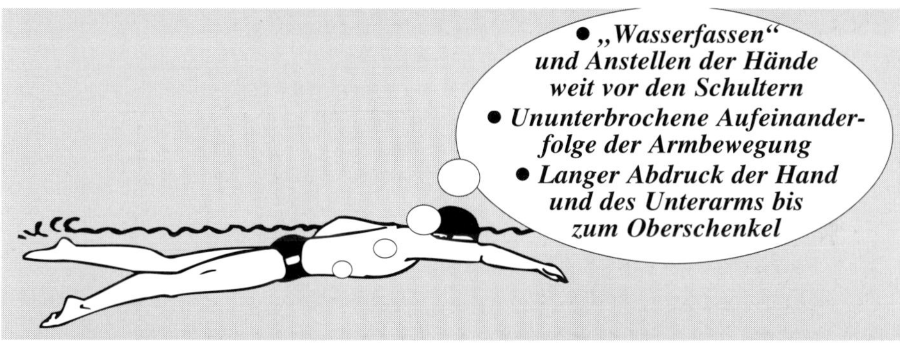

● Gesamtbewegung/Atmung

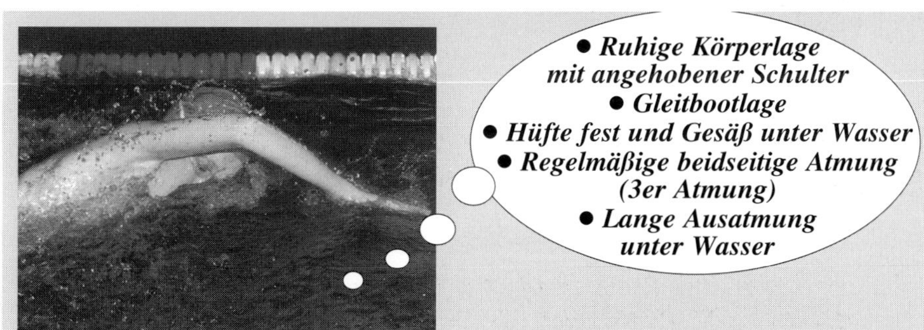

C: Lernabfolge - Kraulschwimmen

In der folgenden Übersicht werden für das Kraulschwimmen Hinweise für die inhaltliche Gestaltung der einzelnen Lernschritte angeboten.

Beachte:
Die numerierte Lernabfolge ist beizubehalten!

➤ Die Reihung der **Teilanforderungen** kann der gruppentypischen Situation angepaßt und variiert werden.

☞ **Zahlreiche Tips** für den Trainer sollen die Trainingspraxis unterstützen. Für das zielgerichtete Lerntraining können zur weiteren Qualifizierung der Schwimmtechnik spezielle Übungsformen im ● **Wasser-** bzw. ❍ **Landtraining** angewendet und durch den Trainer weiterentwickelt werden.

Lernabfolge mit Fixierung der Technikmerkmale
Kraulschwimmen

Technikmerkmal
Spezielle Übungen beim ● Wasser- ❍ Landtraining
☞ Tips für den Trainer

Beinbewegung

1.

➤ **Gut gestreckte Körperposition in der Brustlage.**

● Kraftvoller Abstoß in der Brustlage mit anschließender bewußter Gleitphase.

☞ **Kopf zwischen den gut gestreckten Armen bei völlig gestreckter Körperlage!**

➤ **Ununterbrochene und kräftige Beinbewegung.**

● Intensiver Wechselschlag der Beine auf kurzen Teilstrecken mit Schwimmbrett (4 - 6 x 12,5-25 m).

☞ **Arme liegen gestreckt auf dem Schwimmbrett, Augen dicht über der Wasseroberfläche!**

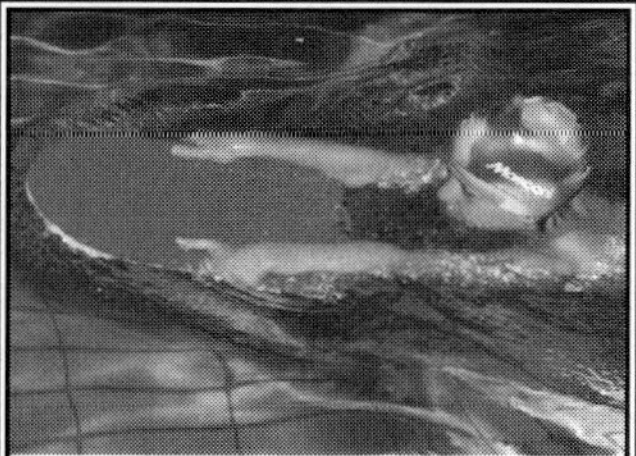

Arme liegen gestreckt auf dem Schwimmbrett, Augen dicht über der Wasseroberfläche!

➤ **Schlagbewegung der Beine aus der Hüfte.**

● Intensiver Wechselschlag der Beine auf kurzen Teilstrecken mit Schwimmbrett (4 - 6 x 12,5-25 m).

☞ **Beinbewegung aus der Hüfte bis zu den gut durchgestreckten Füßen!**

❍ *Verbesserung der Fußbeweglichkeit.*
❍ *Verbesserung der Hüftbeweglichkeit.*

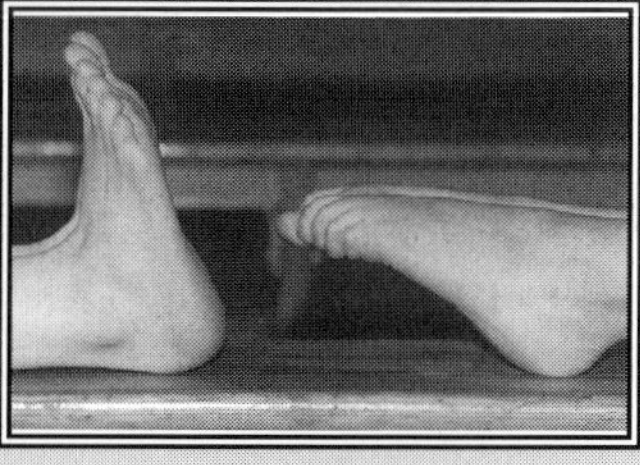

➤ **Aktive Schlagbewegung abwärts aus dem Unterschenkel.**

- Kraftvoller Abstoß in der Brustlage mit anschließender kurzer Gleitphase ➞ Beinbewegung (Brett) auf kurzen Teilstrecken (4 - 6 x 12,5-25 m).

☞ **Unterschenkel werden betont explosiv bis zur Kniestreckung abwärts geschlagen!**
☞ **Bewegung aus dem „lockeren Fußgelenk"!**

Achtung:

☞ Die Zunahme der Streckenlänge erfolgt mit dem entsprechenden technischen Beherrschungsgrad!

➤ **Rhythmische Atemtechnik mit Beinbewegung verbinden.**

- Kraftvoller Abstoß in der Brustlage mit anschließender kurzer Gleitphase ➞ Intensive Beinbewegung (Brett) auf kurzen Teilstrecken mit bewußter Atemtechnik (4 - 8 x 12,5-25 m).

☞ **Gleichmäßige, vollständige Ausatmung auf 12 bis 18 Beinschlägen (Vorbereitung auf die lange, gleichmäßige Ausatmung)!**
☞ **Kurze und intensive Einatmung (ca. 3 bis 6 Beinschläge)!**
☞ **Regelmäßiger Atemrhythmus!**
☞ **Ein- und Ausatmung durch Mund und Nase!**
☞ **Einatmung bei der Beinbewegung nach vorn mit nur leichtem Anheben des Kopfes!**

2. *Armbewegung*

➤ **Ununterbrochene Aufeinanderfolge wechselseitiger Armbewegungen.**

Imitationsübungen der Kraularmbewegung

- Armbewegung über kurze Teilstrecken mit Pullbuoy (Pb) oder kleinem Brett zwischen den Beinen (4 - 6 x 15-25 m).

☞ **Regelmäßige Armbewegung ohne Unterbrechung!**

❍ *Imitationsübungen der Kraularmbewegung zur Verbesserung der Bewegungsvorstellung.*
❍ *Übungen zur Verbesserung der Beweglichkeit im Schultergelenk.*

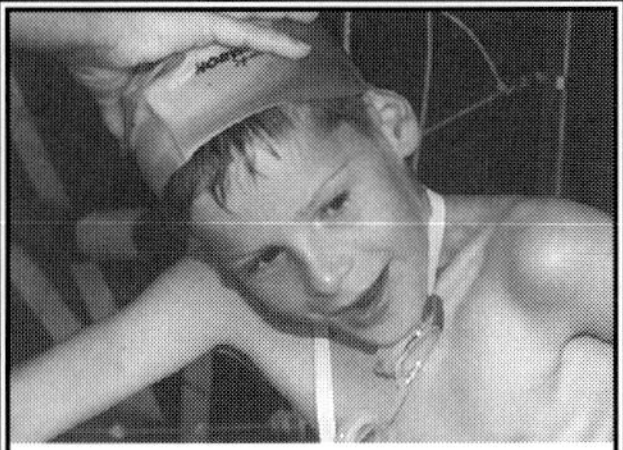

Imitationsübungen der Kraularmbewegung mit Atemschulung

- Kräftiger Abstoß ➞ Kurze Gleitphase ➞ Kraularmbewegung ohne Pb/Brett (2-4 x 15-25 m).

☞ **Arme ziehen kraftvoll und ohne Pause, daß die Beine nicht absinken!**

- Kräftiger Abstoß ➞ Kurze Gleitphase ➞ Schnellkräftige Kraularmbewegung bis12,5-25 m ➞ Fortsetzen mit KA und leichter, unterstützender Kraulbeinbewegung zur Stabilisierung der Körperlage bis 50 m (2-4 Wiederholungen).

☞ **Gleitbootlage beachten!**

➤ **Eintauchen der Hand mit den Fingerspitzen zuerst weit vor dem Kopf.**

- Abstoß ➞ Gleitphase ➞ KA mit Pb zwischen den Beinen über kurze Teilstrecken (2 - 4 x 25-50 m).

☞ **Hände greifen weit vor dem Kopf in Schulterbreite ins Wasser!**

Hinweis:

Übungen zur ***Sensibilisierung*** hinsichtlich extremer Abweichungen vom Technik-Leitbild zur Verbesserung des optimalen Armeinsatzes:

➞ Eintauchen der Hand vor dem Kopf in doppelter Schulterbreite.

➞ Eintauchen der linken Hand auf der rechten Schulterhöhe u.a.

- Abstoß in der Brustlage ➞ Gleitphase ➞ Auf kurzen Teilstrecken (à 2 bis 3x 10-15m) KA mit Pb *sensibilisierenden Übungen* der Armbewegung.

Achtung:

☞ ***Sensibilisierendes Übungsprogramm*** mit der optimalen Armbewegung abschließen!

➤ **Sofortiges „Wasserfassen" der Hand nach dem Eintauchen.**

- Abstoß ➞ Gleitphase ➞ KA mit Pb auf kurzen Teilstrecken (2 - 4 x 25-50 m).

☞ **Anstellen der Handflächen weit vor dem Kopf!**

☞ **Schnelles Wasserfassen aus der Armstreckung vor dem Körper!**

➤ **Langer, S-förmiger und optimal horizontaler Beschleunigungsweg der Hand bis zum Oberschenkel.**

- Kraftvoller Abstoß ➟ Kurze Gleitphase ➟ KA mit Pb auf kurzen Teilstrecken mit bewußtem Abdruck der angestellten Hand und Unterarm nach hinten unten (2 - 4 x 25-50 m).

☞ **Betont kraftvoll – langer Abdruck!**
☞ **Betonte Beschleunigung bis zum Oberschenkel!**

Idee:

Schwimmkombinationen (SK):

- 4 - 6 x 25-50 m Übungen in (SK) z.B.: ➟ K-Abschlag mit betontem „letzten Abdruck".

➤ **Hand drückt sich aus dem Wasser und schwingt entspannt nach vorn.**

Lockeres Nachvornschwingen der Arme

- Abstoß ➟ Gleitphase ➟ KA mit leichter KB auf kurzen Teilstrecken 4 - 6 x 25-50 m.

☞ **Betonung des letzten Abdruckes der Hand!**
☞ **Bewußt lockeres Nachvornschwingen der Arme in Kombination mit KSK.**

Idee:

Schwimmkombinationen (SK):

➟ Abschlag mit „Achseltip"!

➤ **3er Zug – Atemtechnik.**

Schnelle und intensive Einatmung

- Kraftvoller Abstoß ➟ Kurze Gleitphase ➟ KA mit leichter KB auf kurzen Teilstrecken 4 - 6 x 25 m.

☞ **3 Armzüge lang und kräftig ausatmen!**
☞ **Am Ende des dritten Armzuges schnell und intensiv einatmen!**

Achtung:

- Atmung darf den Bewegungsrhythmus der Arme nicht unterbrechen!
- Atemschulung variieren wie: 3/4/5er Atemrhythmus!

❍ *Imitationsschulung zur richtigen Atemtechnik*

Gesamtbewegung

3.

➤ **Ununterbrochene Aufeinanderfolge der Arm- und Beinbewegung.**

- Kraftvoller Abstoß ➞ Kurze Gleitphase ➞ Beginn mit schnellkräftiger Beinbewegung unter Wasser (bis 12 Schläge der KB). ➞ Übergang in die Gesamtbewegung auf Teilstrecken bis 25 m (6-12 x).

☞ **Ununterbrochene Beinbewegung!**

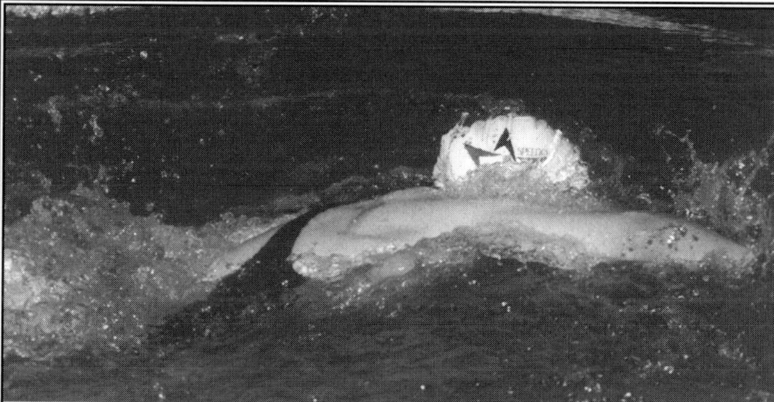

Gestreckte und hohe Körperlage entsprechend der „Gleitbootlage“

Hinweis:

- **Angepaßte, pausenlose Armbewegung.**
- **Zu einem vollständigen Armzug gehören sechs kraftvolle Beinschläge.**
- **Kräftige Beinbewegungen sichern eine stabile, ruhige Körperlage!**

❍ *Schulung der Koordination von Arm- und Beinbewegung (Kopplungsfähigkeit).*

➤ **6er Beinschlag.**

- Kraftvoller Abstoß ➞ Kurze Gleitphase ➞ Schnellkräftige Beinbewegung unter Wasser (bis 12 Schläge der KB) ➞ Übergang in die Gesamtbewegung auf Teilstrecken bis 25 m (6 - 12 x).

☞ **Ununterbrochene Beinbewegung!**

Idee:

Schwimmkombinationen (SK):

➞ Kraul, einarmig mit unterschiedlichen Beinrhythmen (à 2 -4 x 25 m).

➞ Kraul-Gesamtbewegung mit unterschiedlichen Beinrhythmen.

➞ Kraul-Abschlagübung mit ausgedehnter KB, pro Armzug bis 12 KB (à 2-4 x 25 m) u.v.m.

Beachte:

☞ ***Sensibilisierendes Übungsprogramm*** mit einer „technisch sauberen“ Gesamtbewegung abschließen!

➤ **Rhythmische Atmung. Vollständige, lange Ausatmung.**

● Kraftvoller Abstoß ➞ Kurze Gleitphase ➞ Schnellkräftige Beinbewegung bis 5 m unter der Wasseroberfläche bei gleichmäßiger Ausatmung ➞ Gesamtbewegung bis ± 12,5 m mit fortdauernder Ausatmung ➞ Weiterschwimmen bis 25 m mit Gleitübungen im Brustschwimmen (6 - 8 x 25 m).

☞ **Gleichmäßige, lange Ausatmung beachten!**

Atemvariationen:

● O.g. Übung ➞ Gesamtbewegung mit verlängertem Atemzugfolge (6 - 8 x 25-50 m) z.B.:
- **4er Atemzugfolge oder**
- **5er Atemzugfolge.**

☞ **Gleichmäßige, verlängerte Ausatmung beachten!**

➤ **Kurze, intensive Einatmung.**

● Kraftvoller Abstoß ➞ Kurze Gleitphase ➞ Schnellkräftige KB (bis 12 Schläge unter Wasser) bei langer, gleichmäßiger Ausatmung ➞ Gesamtbewegung ➞ Nach dem 3. Armzug wird eingeatmet ➞ Fortsetzung der Gesamtbewegung in der 3er Zugatmung (6 - 8 x 25-50 m).

☞ **Kurze Einatmung, ohne Unterbrechung oder Verzögerung des Bewegungsrhythmus!**

☞ **Lange, gleichmäßige Ausatmung ins Wasser!**

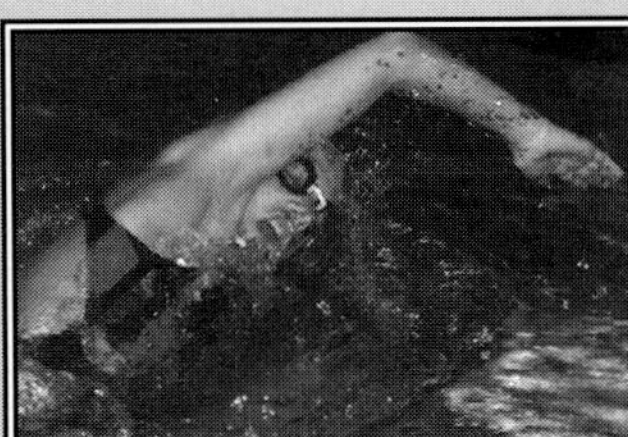

Intensive Einatmung mit Seitwärtsdrehen des Kopfes

➤ **Intensive Einatmung am Ende der Abdruckbewegung eines Armes (Hand).**

● O.g. Übung ➞ Betonung des Abdruckes in Verbindung mit der Einatemphase.

☞ **Seitwärtsdrehen des Kopfes, daß der Mund knapp über Wasser ist!**

☞ **Keine Unterbrechung der Armbewegung!**

☞ **Körperlage bleibt stabil in Gleitbootlage (kein Aufwärtsdrehen der Schulter)!**

Beachte:

Mögliche Ursachen einer unruhigen Körperlage sowie Unterbrechungen des Bewegungsrhythmus liegen vor bei:
• unvollständiger Ausatmung ins Wasser • verspäteter Einatmung • zu langer Einatmung • Mitbewegen der Schulter beim Seitwärtsdrehen des Kopfes.
Dies führt zur Verschlechterung der Schwimmtechnik !

(in Anlehnung an Schramm, E. 1987, S. 211 - 213)

2.3

Startsprung – Greifstart

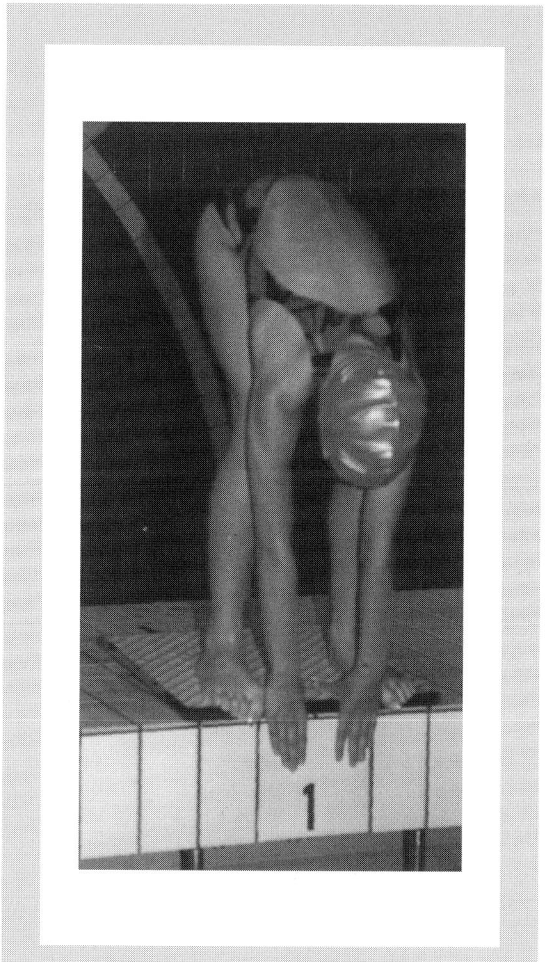

Aufgabenstellung:
Erreichen eines sehr schnellen Überganges von der Ruhestellung auf dem Startblock zu einer großen Schwimmgeschwindigkeit.

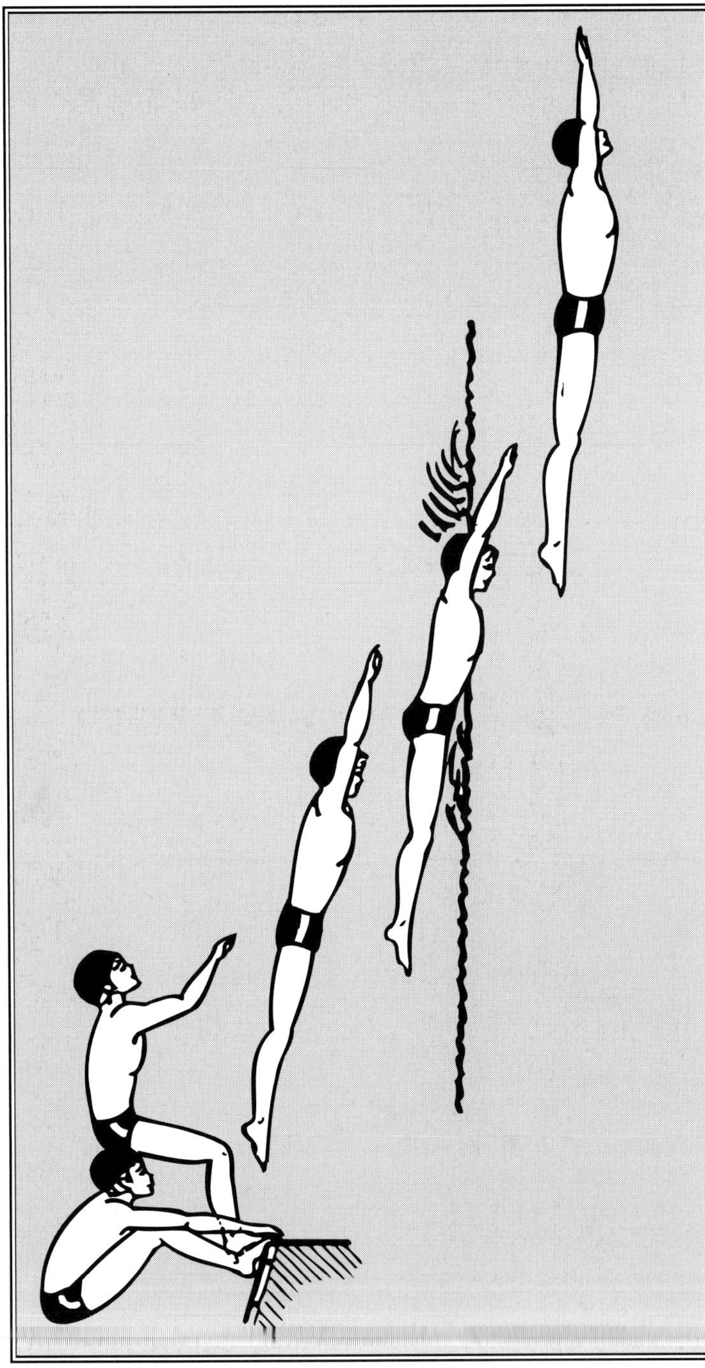

Aufgabenstellung

Erreichen eines sehr schnellen Überganges von der Ruhestellung auf dem Startblock zu einer großen Schwimmgeschwindigkeit.

A: Technikschwerpunkte Startsprung – Greifstart

Ausgangsstellung

- Sicherer Stand auf dem Startblock, Füße etwa hüftbreit auseinander, Zehen umklammern vordere Startblockkante.
- Hände (je nach Form des Startblocks) fassen die Vorderseite des Startblocks oder halten sich an den Seiten des Startblocks fest.
- Knie- und Hüftgelenk sind gebeugt, Oberkörper wird soweit wie möglich in die Absprungrichtung vorgeschoben.

Absprung

- Einleitung des Absprungs durch Abstoß der Hände vom Startblock sowie
- schnellkräftiges Nachvornreißen der Arme mit Streckung im Hüft-, Knie- und Fußgelenk.
- Schnellkräftiger Abdruck der Füße vom Startblock.

Flugphase

- Körperhaltung ist vollkommen gestreckt und fest angespannt.
- Arme sind nach vorn gestreckt und Hände zusammen.
- Kopf zwischen den Armen.

Eintauchphase

- Hände tauchen zuerst ins Wasser ein bei
- gut gestreckter Körperhaltung.
- Kopf und Hände übernehmen die Steuerfunktion des Körpers.

Gleitphase

- Vollständige Körperstreckung in flacher Bogenspannung.
- Hände, Arme und Kopf steuern den Körper in Richtung Wasseroberfläche.
- Ausatmung.

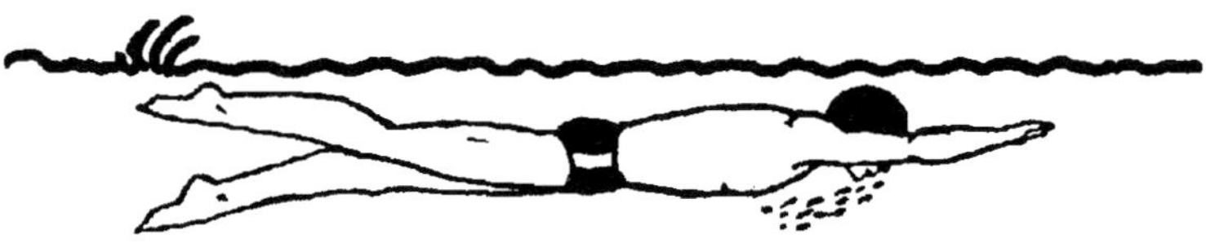

Übergang Schwimmbewegung

- Schnellkräftiger Einsatz der Beinbewegung, wenn Gleitgeschwindigkeit etwa der Schwimmgeschwindigkeit entspricht.
- Vollständige Ausatmung. Zuerst setzt die Beinbewegung ein, danach die Armbewegung.
- Beginn mit der ersten Armbewegung, wenn der Kopf die Wasseroberfläche erreicht.
- Beginn der Einatmung nach der dritten Armbewegung.

B: Grundanforderungen – Startsprung

Für die Erfassung der Güte „Bewegungsausführung“ für den Startsprung sind die folgenden ausgewählten Bewegungsmerkmale zu beachten:

Grundanforderungen – Startsprung	
👁 **Bewegungsmerkmal**	Punkte
1. Startstellung	
👁 Sicherer Stand auf dem Startblock mit nach vorn geneigtem Oberkörper. ☞ • **Zehen umklammern vordere Kante vom Startblock mit Blick auf die Eintauchstelle!**	1
2. Absprung	
👁 Schnellkräftiger Absprung mit schwungvoller Armbewegung nach vorn in Absprungrichtung. ☞ • **Starker Abdruck der Füße vom Startblock und explosives Strecken von Knie- und Hüftgelenk!**	1
👁 Vollständige Körperstreckung vom Absprung bis zum Eintauchen. ☞ • **Kopf zwischen den Armen!**	1
3. Übergang Schwimmbewegung	
👁 Nach kurzer Gleitphase bei völliger Körperstreckung erst schnellkräftiger Einsatz der Beinbewegung.	1
👁 Gleichmäßige Ausatmung unter Wasser, erst nach dem 3. Armzug erfolgt die Einatmung!	1
Maximum der Punktbewertung	**5**

(vgl.: DSSV 1985, S. 16c)

! ***Die Beobachtungsergebnisse können mit Hilfe der Punktbewertung registriert und gruppenspezifische sowie individuelle, technikspezifische Mängel besser analysiert werden.***

Tips zur gedanklichen Technikorientierung

● Startstellung

● Sicherer Stand, Zehen umklammern Startblockkante
● Konzentration auf das Startkommando

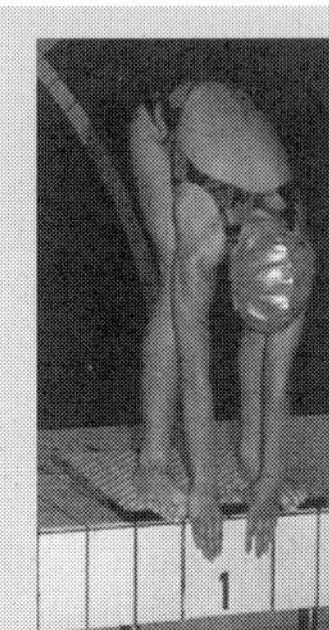

● Absprung ● Flug-/Eintauchphase

● Kräftiger Absprung mit Nachvornreißen der Arme

● Gestreckte, feste Körperhaltung
● Kopf zwischen den Armen

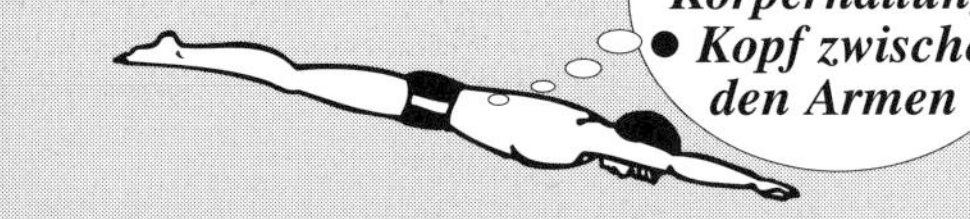

● Gleiten ● Übergang in die Schwimmbewegung

● Kopf zwischen den Armen
● Ausatmung

● Schnellkräftige Beinbewegung unter Wasser
● Kraftvoller Einsatz der Armbewegung
● Beginn der Einatmung nach dem dritten Armzug

C: Lernabfolge – Startsprung – Greifstart

In der folgenden Übersicht werden für den Startsprung Hinweise für die inhaltliche Gestaltung der einzelnen Lernschritte angeboten.

Beachte:
Die numerierte Lernabfolge ist beizubehalten!

➤ Die Reihung der **Teilanforderungen** kann der gruppentypischen Situation angepaßt und variiert werden.

☞ **Zahlreiche Tips** für den Trainer sollen die Trainingspraxis unterstützen. Für das zielgerichtete Lerntraining können zur weiteren Qualifizierung der Schwimmtechnik spezielle Übungsformen im ● **Wasser-** bzw. ❍ **Landtraining** angewendet und durch den Trainer weiterentwickelt werden.

Lernabfolge mit Fixierung der Technikmerkmale
Startsprung - Greifstart

Technikmerkmal
Spezielle Übungen beim ● Wasser- ❍ Landtraining
☞ Tips für den Trainer

Ausgangsstellung

1.

➤ **Sicherer, entspannter Stand auf dem Startblock mit nach vorn geneigtem Oberkörper.**

❍ *Erklären, Demonstrieren* und kurzes, aber regelmäßiges Üben der Ausgangsstellung.

❍ *Imitationsübungen* zur Verinnerlichung des Startablaufes.

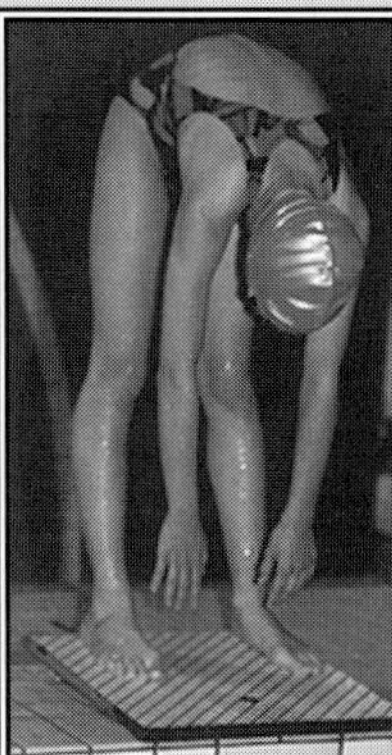

Entspannte, aber doch konzentrierte Ausgangsstellung nach dem ersten Pfiff

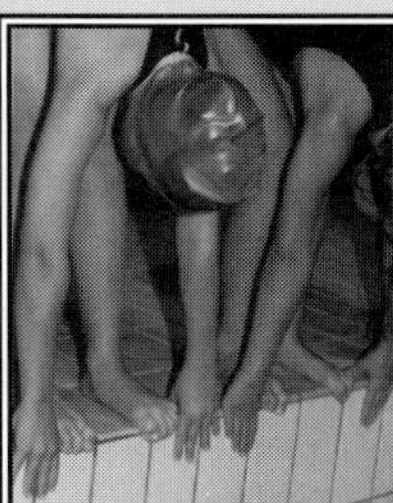

Einnehmen der Startposition mit dem „handbreiten" Abstand der Füße

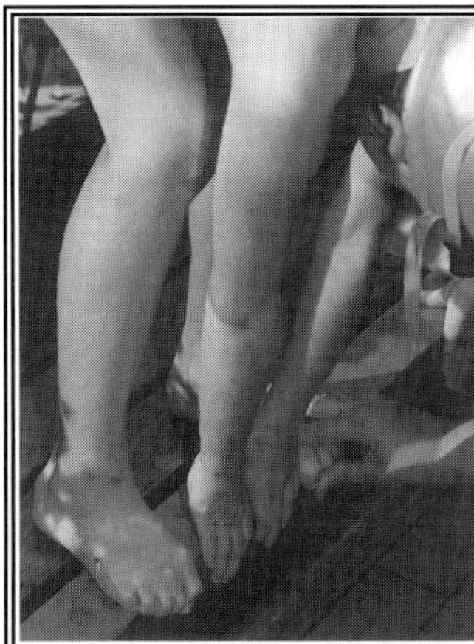

Imitation der Startposition mit den Händen zwischen den Füßen und Korrektur – ***„Zehen umklammern den Startblock"***

2. Absprung

Hinweis:

☞ **Übungen zur Verbesserung der Bewegungsausführung des Startsprunges sollten prinzipiell mit Startkommando erfolgen bzw. dem Ablauf des vollständigem Wettkampfablaufes entsprechen.**

➤ **Zusammenfügen der gleichzeitigen Bewegungshandlung.**

- Explosivität des Absprunges mit
- schnellkräftigem Armschwung nach vorn in die Absprungrichtung.

- Aus der Ausgangsposition **betontes Üben:**
  - **· Kräftig, explosives Abspringen mit gleichzeitigem,**
  - **· aktivem Armschwung bei Körperstreckung und -spannung → bis ca. 10 m im Wasser ausgleiten lassen (2 - 4 Wiederholungen).**

❍ *Entwicklung und Verbesserung der* **Sprungkraft** *in Verbindung mit der:*
- Reaktionsschnelligkeit,
- Entwicklung der Körperspannung,
- Imitationsübungen zur Schulung der explosiven und kraftvollen Bewegungsausführung.

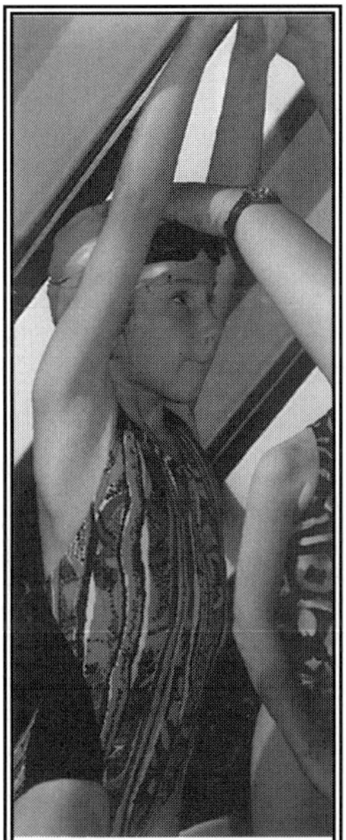

Imitationsübung – Startsprung mit Korrektur der Körperhaltung und Kopf zwischen den Armen

➤ **Schnellkräftiger Absprung.**

- Aus der Ausgangsstellung gezielter schnellkräftiger Absprung ➟ Bis 10 m im Wasser ausgleiten (2 - 4 Wiederholungen).

☞ **Beim Abdruck der Füße vom Startblock explosive Streckung im Hüft- und Kniegelenk!**

☞ **Einatmung bei der Beinbewegung nach vorn mit nur leichtem Anheben des Kopfes!**

➤ **Absprung mit Schulung der Bewegungsrichtung (Absprungwinkel ± 25°).**

- Aus der Ausgangsstellung ➟ Schnellkräftiger Absprung mit Armschwung und gezielter Absprungrichtung: ➟ Leicht schräg aufwärts ➟ Bis 10 m im Wasser ausgleiten.

Richtungsänderung:

- Startsprünge aus der Ausgangsstellung mit unterschiedlichen Absprungrichtungen: ➟ **hoch,** ➟ **flach, durch andersartige Kopf- und Armhaltungen.**

Beachte:

- Am Ende der Übung mit der richtigen bzw. optimalen Absprungrichtung abschließen!
- Aus der Ausgangsstellung ➟ Schnellkräftiger Absprung mit Armschwung ➟ Arme schnellkräftig nach oben reißen mit Anheben des Kopfes.

☞ **Eintauchen ins Wasser mit den Händen zuerst und dem Kopf zwischen den Armen!**

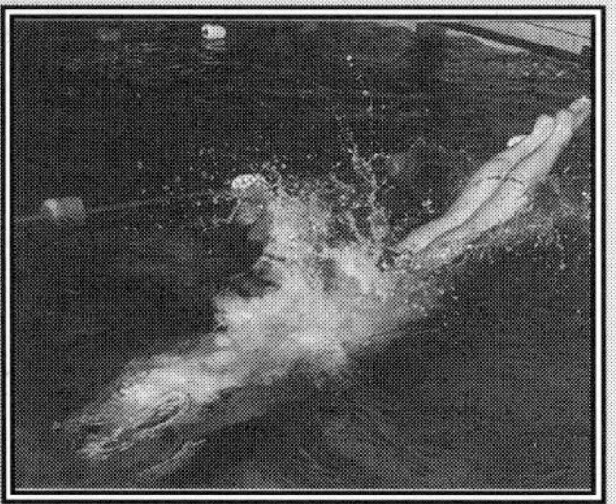

Idee:

- Absprung auf unterschiedliche Kommandogebung: ➟ **Pfiff,** ➟ **Händeklatschen,** ➟ **Zuruf u.v.m.**

❍ *Verbesserung der Reaktionsschnelligkeit.*

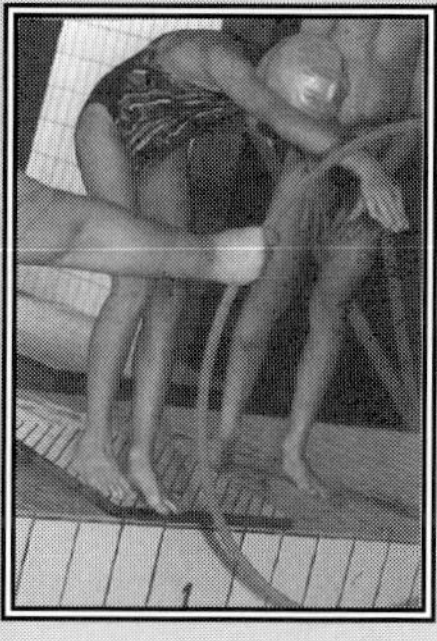

- Absprung ➞ **über** ➞ **nach** ➞ **unter Geräte u.ä.** ➞ **In unterschiedlichen Höhen und Entfernungen.**
- Startsprünge mit/ohne kräftigen Armschwung.
- Startsprünge mit Weitenmarkierung durch Erfassen des „Eintauchloches" der Hände.

Wettbewerb:

- Startsprung auf Kommando mit anschließendem Gleiten.

➞ Gemessen wird die Zeit vom Startsignal bis zur Markierung (5 m) mit den „Kopfdurchlauf".
„Wer ist der reaktionsschnellste Starter?"

- Startsprung auf Kommando und im Wasser ausgleiten.
„Wer führt den kräftigsten Startsprung mit der weitesten Gleitphase aus?"

3. Flug- und Eintauchphase

➤ **Körperstreckung in der Flugphase bis zum Eintauchen.**

Übungen zur Verbesserung der explosiven Ganzkörperstreckung

- Aus der Ausgangsstellung ➞ Schnellkräftiger Absprung auf Kommando ➞ Ausgleiten bis 10 m (2 - 4 Wiederholungen).

☞ **Körper ist vollkommen gestreckt und angespannt von der Flugphase bis zur Beendigung der Gleitphase!**

❍ *Übungen zur Verbesserung der* ***Ganzkörperstreckung*** *und* ***-spannung*** *wie z.B.:*
- ***Hockstrecksprünge***
- ***Sprünge von/über Geräte u.ä.***

❍ *Kräftigung und Verbesserung der* ***Rumpfmuskulatur.***

- Ausgangsstellung ➞ Absprung ➞ Kurze Gleitphase ➞ Übergang zur Schwimmbewegung (2 - 4 Wiederholungen).

☞ **Körperstreckung und -anspannung vom Absprung bis zum Einsatz der Schwimmbewegung!**

➤ **Kopf- und Armsteuerung.**

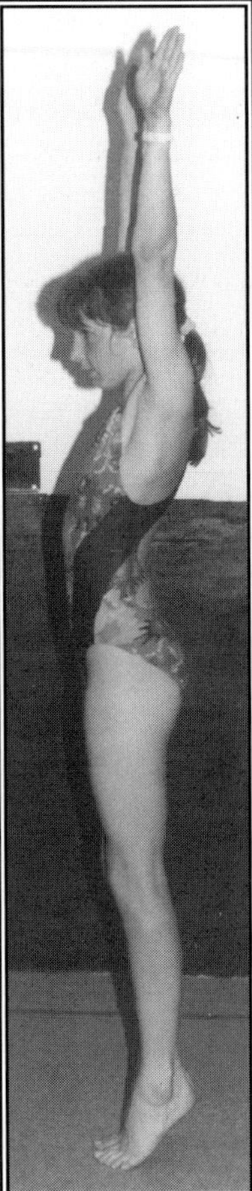

Übungen zur Verbesserung der Ganzkörperspannung

- Aus der Ausgangsstellung ➟ Kraftvoller Absprung auf Kommando ➟ Kurze Gleitphase ➟ Übergang zur Schwimmbewegung bis 15 m mit maximal hohem Tempo in der Gesamtbewegung (2 - 4 Wiederholungen).

☞ **Eintauchen mit den Fingern zuerst!**
☞ **Kopf zwischen den Armen!**
☞ **Kopf und Arme steuern betont den gut gestreckten Körper an die Wasseroberfläche!**

Beachte:

- Keine plötzliche oder ruckartige Richtungsänderung vornehmen!

Hinweis:

Übungen zur ***Sensibilisierung*** hinsichtlich extremer Abweichungen vom Technik-Leitbild zur Verbesserung der optimalen Gleitphase.

Idee:

- Startsprung mit verschiedenen Kopfhaltungen in der Flugphase wie z.B.:
  ➟ **Kopf extrem in den Nacken werfen,**
  ➟ **Kinn zur Brust bewegen,**
  ➟ **Variieren der Kopf- und Armsteuerung in der Gleitphase.**

☞ **Eintauchen mit den Kopf zwischen dem Armen!**

Achtung:

☞ ***Sensibilisierendes Übungsprogramm*** mit der richtigen bzw. optimalen Kopf- und Armsteuerung abschließen.

4. Übergang in die Schwimmbewegung

➤ **Einsatz schnellkräftiger Beinbewegung nach kurzer Gleitphase und gleichmäßiger Ausatmung.**

- Aus der Ausgangsstellung → Kraftvoller Absprung auf Kommando → Kurze Gleitphase → Schnellkräftige Beinbewegung bis 10 m bei gleichmäßiger Ausatmung (2 - 4 Wiederholungen).

Beachte:

- **Beginn der Beinbewegung, „wenn Gleitgeschwindigkeit etwa der Schwimmgeschwindigkeit entspricht“. (Schramm, E. 1987, S. 225)**

Idee:

- Aus dem kraftvollen Abstoß die Gleitphase
  → **extrem verlängern oder**
  → **extrem verkürzen bzw.**
  → **ohne Gleiten in die Bein- und Gesamtbewegung übergehen.**

☞ **Die optimale Gleitphase „fühlen“ lassen!**

➤ **Einsatz der Armbewegung, wenn der Kopf über der Wasseroberfläche ist.**

- Aus der Ausgangsstellung → Kraftvoller Absprung auf Kommando → Kurze Gleitphase → Schnellkräftige Beinbewegung (6-12 Schläge) → Gesamtbewegung bis 15 m mit maximal hohem Tempo (2 - 4 Wiederholungen).

☞ **Mit Beginn der ersten, besonders kraftvollen Armbewegung wird der Kopf bis zur Wasseroberfläche leicht angehoben!**

☞ **Ausatmung wird fortgesetzt bis zum dritten Armzug, dann erfolgt die erste, intensive Einatmung!**

(in Anlehnung an **Schramm, E.** 1987, S. 224 - 226)

Tips zum Technik-Lerntraining

A: Standard-Kraulstart

Übungsdauer: ±15 Minuten. Eingefügt im Training des Ausdauerprogrammes.

Anzahl der Wiederholungen: 4-8 x. Eingeordnet in die Ausdauer – Teilstreckenlänge (TSL).

Streckenumfang: 100-150 m. Entsprechend der Serienanforderung.

Aktive Pause: 2 bis 3 Minuten (mit Lockerschwimmen).

Belastungsdauer: ±10"	Abschnitt I	Technikanforderung in maximaler Schnelligkeit (Sprint)
Intensität:	Abschnitt II **Idee:**	Schwimmkombination als Lockerschwimmen • In der Rückenlage Armbewegung im Gleichschlag mit Rückenbeinbewegung

- ***Aus der Ausgangsstellung ➡ Kraftvoller Absprung auf Kommando ➡ Bogenspannung in der Flugphase ➡ Eintauchen ➡ Kurze Gleitphase ➡ Schnellkräftige Beinbewegung unter Wasser ➡ Beginn der Gesamtbewegung beim Auftauchen ➡ Hohes Tempo beim Kraulschwimmen bis zur festgelegten Markierung ➡ [Stop] ➡ Fortsetzung des Schwimmens in SK (Abschnitt II).***

Für Markierungshilfen sind der Phantasie des Trainers keine Grenzen gesetzt...!

☞ Ein- bis maximal zwei technische Teilanforderungen - einstudieren bzw. üben!

☞ Gruppenspezifische Technikhinweise geben, die mit individuellen Tips schwimmtechnischer Auffälligkeiten des Sportlers kombiniert werden können!

Wettbewerb: Übungsablauf wie oben beschrieben, mit Erfassung der Schwimmzeit bei Kopfdurchlauf an der Markierung. ***„Wer ist der schnellste Starter und Sprinter?"***

Kombination: O.g. Übungsablauf mit zwei Kriterien:
a) Schwimmzeit der festgelegten Distanz
b) Punktevergabe für erfüllte Technikanforderung.

Empfehlung zur Organisation

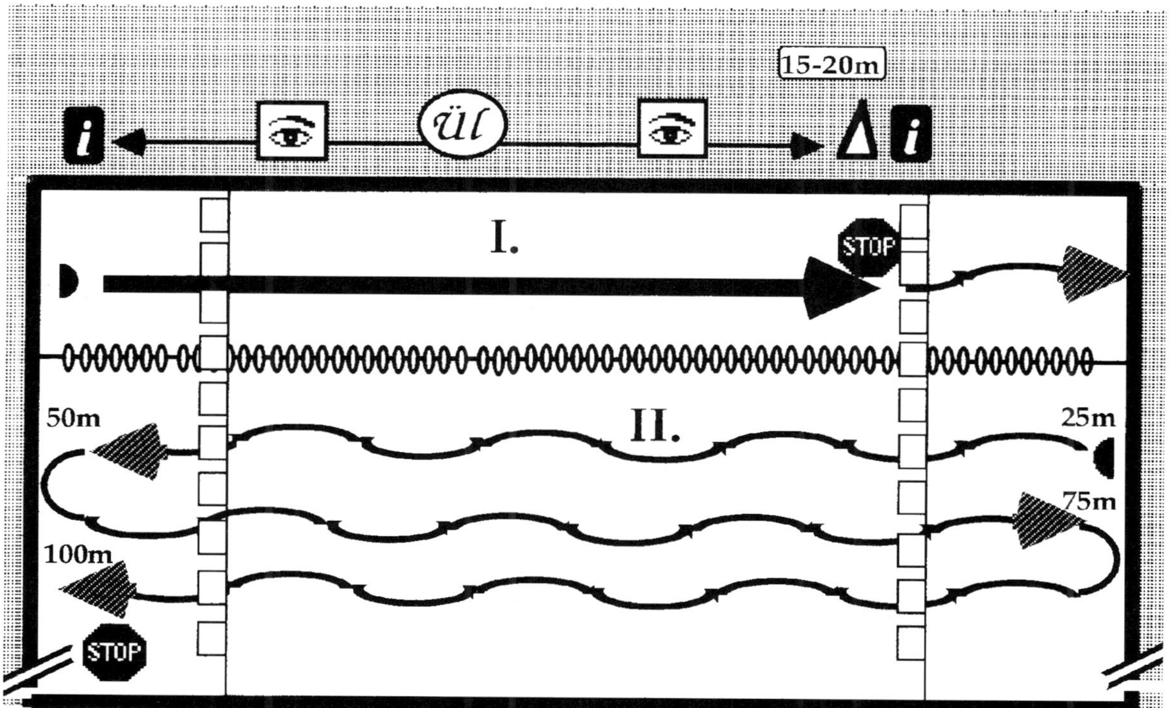

LEGENDE

- *i* Informationsgebung durch den Übungsleiter am Beginn und Ende des Technikabschnittes
- ÜL Übungsleiter/ Trainer (T)/ Lehrer (L)
- ÜL Standort und
- Beobachtungsbereich des ÜL/T/L
- Begrenzungsfähnchen (5 m vor der Wand)
- Schwimmleine
- Δ Streckenmarkierung
- STOP Sportler hält an für Informationshinweise vom ÜL/T/L
- I. Abschnitt der Technikanforderung
- ≈ II. Abschnitt in Schwimmkombination

ℬ: Kombination – Kraulstart – Anschlag

Übungsdauer: ±15 Minuten
Anzahl der Wiederholungen: 4-8 x
Streckenumfang: 100 bis 200 m
Aktive Pause: 2 bis 3 Minuten (mit Lockerschwimmen)

Belastungsdauer:		±10“
Intensität:	Abschnitt I	Technikanforderung in maximaler Schnelligkeit (Sprint)
	Abschnitt II	Schwimmkombination als Lockerschwimmen
	Idee:	Kraularmbewegung mit Handabschlag und Kraulbeinbewegung
	Abschnitt III	Technikanforderung – Anschlag in maximaler Schnelligkeit

- ***Aus der Ausgangsstellung ➞ Kraftvoller Absprung auf Kommando ➞ Körperspannung in der Flugphase ➞ Eintauchen ➞ Kurze Gleitphase ➞ Schnellkräftige Beinbewegung unter Wasser ➞ Beginn der Gesamtbewegung beim Auftauchen ➞ Hohes Tempo beim Kraulschwimmen bis zur festgelegten Markierung; [Stop] ➞ Fortsetzung des Schwimmens in SK (Abschnitt II) ➞ [Stop] an der Markierung ΔΔ ➞ Anschwimmen (evtl. auf Kommando) mit maximaler Geschwindigkeit bis zum Anschlag.***

☞ **Anschlag als Bewegungaufgabe ohne technische Hinweise, da der Kraulstart als Technikauftrag geübt wird!**

☞ **Schnelligkeitsanforderungen sind sowohl für den Start als auch für den Anschlag zu erfüllen!**

Empfehlung zur Organisation

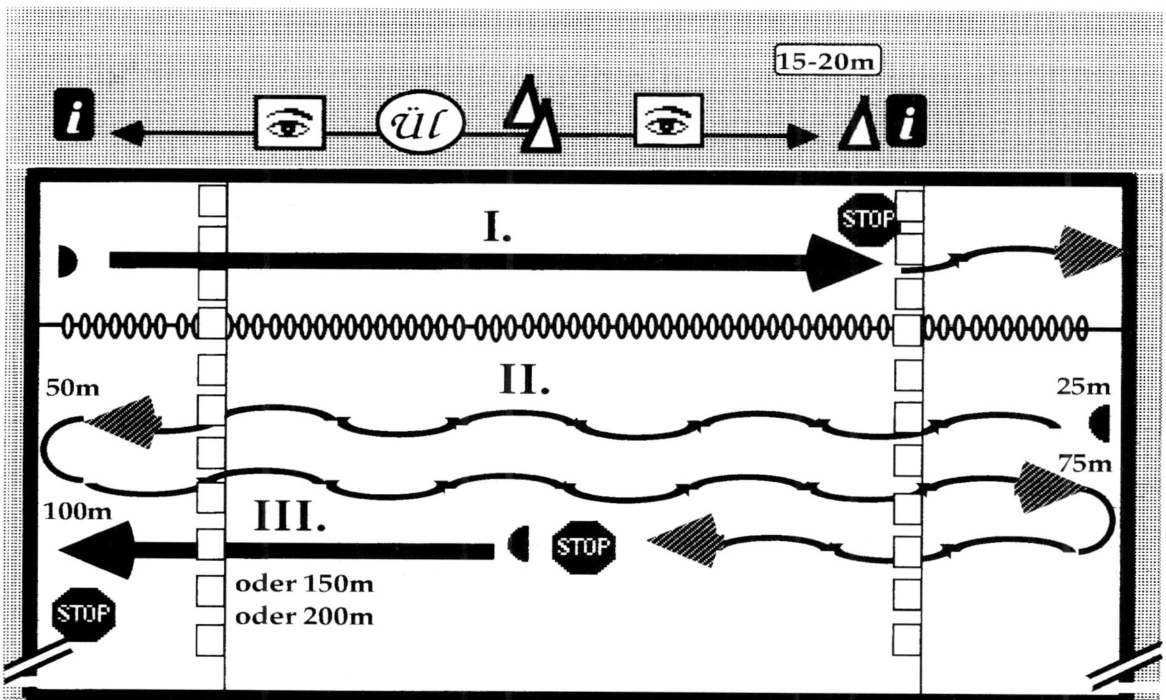

LEGENDE

- *i* Informationsgebung durch den Übungsleiter am Beginn und Ende des Technikabschnittes
- ÜL Übungsleiter/ Trainer (T)/ Lehrer (L)
- ÜL Standort und
- Beobachtungsbereich des ÜL/T/L
- Begrenzungsfähnchen (5 m vor der Wand)
- 0000 Schwimmleine
- Δ Streckenmarkierung
- STOP Sportler hält an für Informationshinweise vom ÜL/T/L
- I. + III. Abschnitt der Technikanforderung
- ≈ II. Abschnitt in Schwimmkombination

C: Kombination - Kraulstart im Ausdauertraining

Übungsdauer:	±15 Minuten-45 Minuten. Eingefügt im Training des Ausdauerprogrammes.
Anzahl der Wiederholungen:	6-8 x. Eingeordnet in die Ausdauer-Teilstreckenlänge (TSL).
Streckenumfang:	Minimum 100 bis 400 m Entsprechend der Serienanforderung.
Pause:	10“-1‘.

Belastungsdauer:		Maximal 10" bzw. 15 bis 20 m für den I. Abschnitt
Intensität:	Abschnitt I	Höchste Schnelligkeit in technischer „Perfektion“
	Abschnitt II	Entsprechend der Ausdauer-TSL

- ***Zum Beginn der Ausdauerserie wird mit Kraulstart aus der Ausgangsstellung auf Kommando die festgelegte Sprintdistanz in maximaler Schnelligkeit zurückgelegt ➟ Fortsetzung der Schwimmdistanz in mittlerer (Ausdauer)-Intensität bis zur Beendigung der Teilstrecke.***

☞ **Maximal ein geplantes technisches Merkmal im Sprintabschnitt abverlangen!**

☞ **Gruppenspezifische und individuelle Hinweise mittels „Zeichensprache“ durch Handbewegungen den Sportlern mitteilen!**

2.4

Startsprung – mit Armschwung

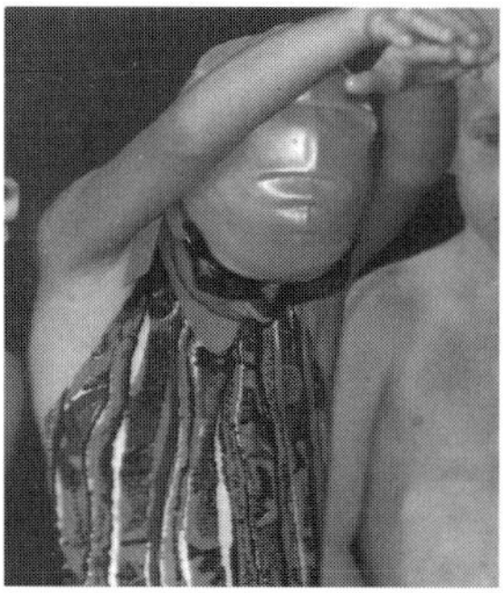
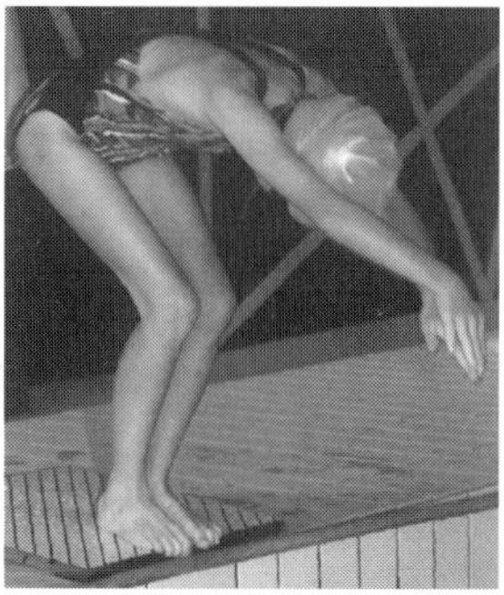

- **Der Startsprung mit Armschwung,** auch ***konventioneller Start*** genannt, wird vorwiegend im Anfängerstadium des Kindertrainings geübt. Diese Kinder haben in der **Ausgangsstellung** mit den Armen nach hinten einen ***sicheren Stand*** auf dem Startblock.

Von Anbeginn des Lernens ist darauf zu achten, daß ein sicherer Stand

➟ **Füße stehen fast hüftbreit von einander entfernt,**
➟ **die Zehen umklammern den vorderen Rand des Blockes,**
eingenommen wird.

- Der **Kniewinkel** ist individuell unterschiedlich. Es sollte jedoch darauf geachtet werden, daß der Oberkörper so weit vorgeneigt ist, daß
➟ der **Körperschwerpunkt** nahezu über dem vorderen Blockrand liegt, damit **günstige Voraussetzungen** für den **schnellkräftigen Absprung** geschaffen werden.
- Der **Absprung** erfolgt durch einen ***schnellkräftigen Armschwung*** in die Absprungrichtung und ***kräftigen Abdruck*** der Füße vom Block.
  In der **Flugphase** und beim Eintauchen ist der ***Körper völlig gestreckt und gut angespannt.***

☞ **Bereits im Kindertraining sollte darauf geachtet werden, daß die Arme zusammen nach vorn gerichtet sind und der Kopf sich zwischen ihnen befindet.**
☞ **Nach der relativ kurzen Gleitphase setzen zuerst die Beine ein und es wird gleichmäßig ausgeatmet.**
☞ **An der Wasseroberfläche beginnt die Armbewegung, und erst nach dem dritten Armzug beginnt die Einatmung.**

2.5

Kraulwende mit Doppelarmzug

Aufgabenstellung

Richtungsumkehr an der Wendenwand
mit einer Wendengeschwindigkeit,
die größer als die Schwimmgeschwindigkeit sein muß.

A: Technikschwerpunkte Kraulwende mit Doppelarmzug

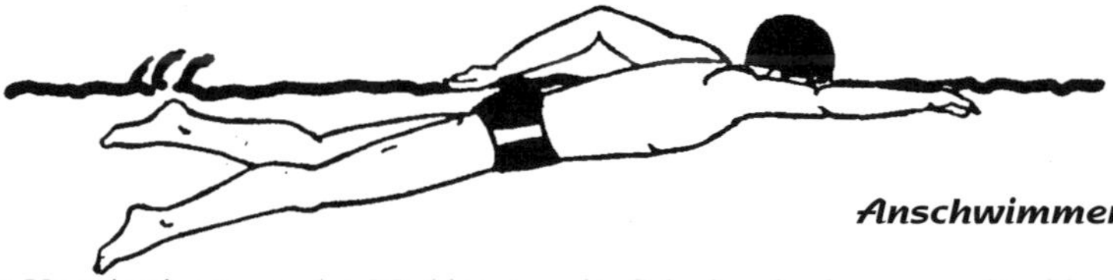

Anschwimmen

- Vororientierung an den Markierungen im Schwimmbecken zur rechtzeitigen Vorbereitung der Wende ohne Rhythmusstörungen des Bewegungsablaufes.
- Anschwimmen mit voller Geschwindigkeit.
- Einatmung bei der letzten Armbewegung vor dem Doppelarmzug.

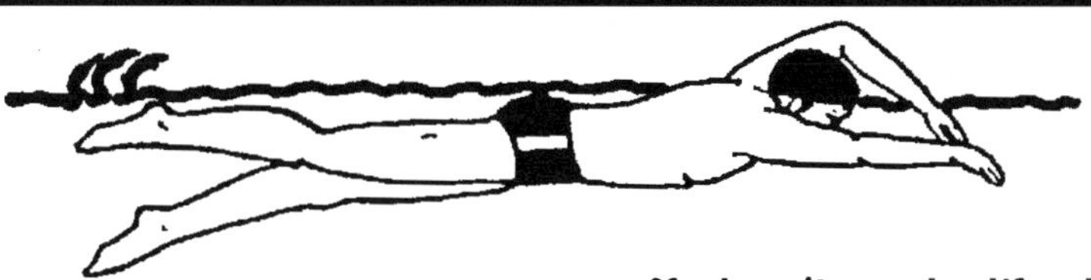

Vorbereitung der Wende

- In 1 1/2 bis 2facher Körperlänge von der Wand entfernt, bleibt eine Hand vor dem Körper liegen, die andere führt noch eine vollständige Bewegung aus, wird über Wasser nach vorn geschwungen und neben die erste gelegt.
- Arme sind nach vorn gestreckt und Hände zusammen.
- Beibehaltung bzw. verstärkte, kräftige, ununterbrochene Beinbewegung zur Beibehaltung der Anschwimmgeschwindigkeit.
- Kein Anschlag der Arme an der Wendenwand.

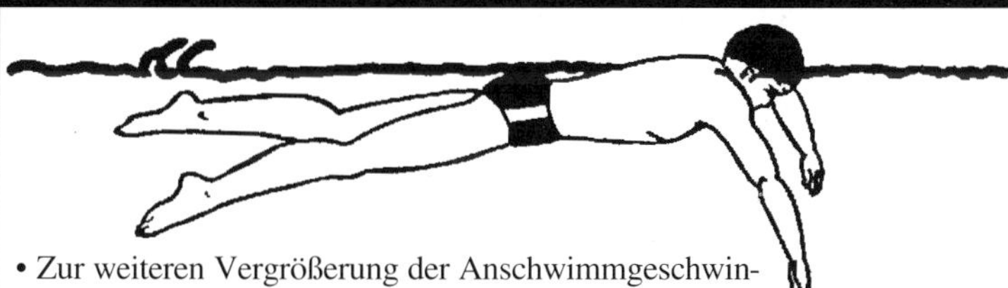

- Zur weiteren Vergrößerung der Anschwimmgeschwindigkeit ziehen beide Arme gleichzeitig und kraftvoll zum Körper, analog dem Delphinarmzug unter Beibehaltung der aktiven, kräftigen Beinbewegung.

Abtauchen und Drehung

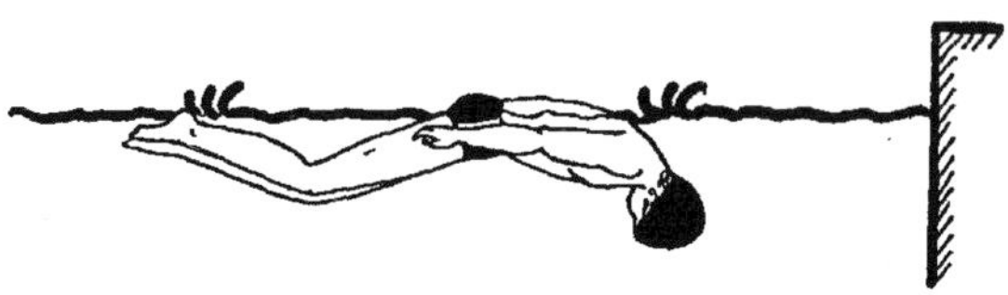

- Schnelles Abtauchen von Kopf und Oberkörper, etwa im letzten Drittel des Doppelarmzuges durch ein aktives und kräftiges Drücken des Kopfes zur Brust in Drehrichtung sowie gleichzeitiges Drücken der Gegenschulter schräg nach unten, ebenfalls in die Drehrichtung.

- Starke Beugung der Hüfte, wenn der Kopf annähernd den tiefsten Punkt erreicht hat.
- Danach werden die leicht gebeugten Beine schnellkräftig über Wasser zur Wand geschwungen.

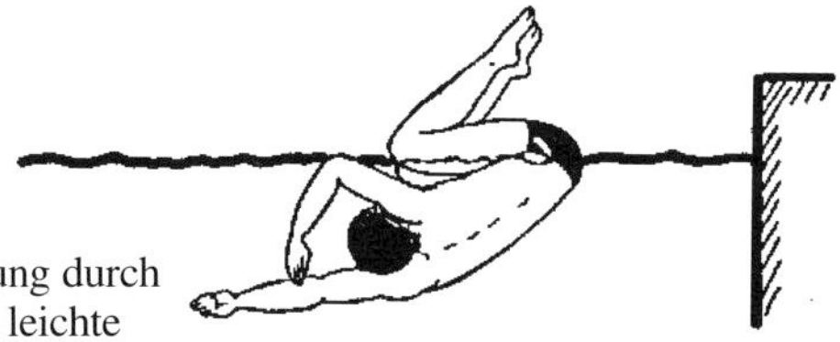

- Gleichzeitiges Fortsetzen der schnellen Drehbewegung durch aktive Kopfsteuerung und leichte Ruderbewegung des einen Armes zur unterstützenden Drehung des Oberkörpers in die Körperlängsachse.

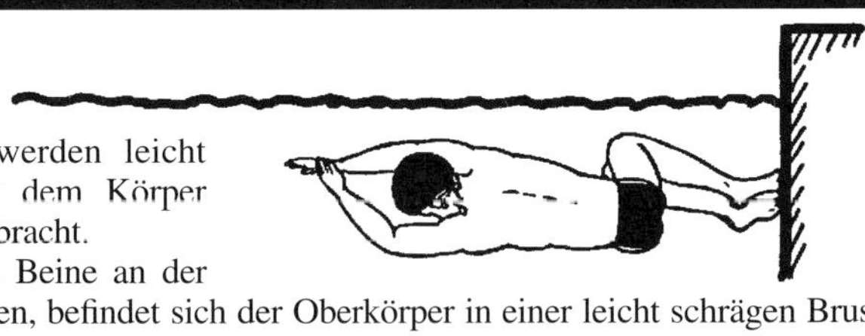

- Die Beine werden leicht seitlich über dem Körper zur Wand gebracht.
- Während die Beine an der Wand ansetzen, befindet sich der Oberkörper in einer leicht schrägen Brustlage, währenddessen die Arme noch leicht gebeugt vor den Kopf in die Strecklage gebracht werden.

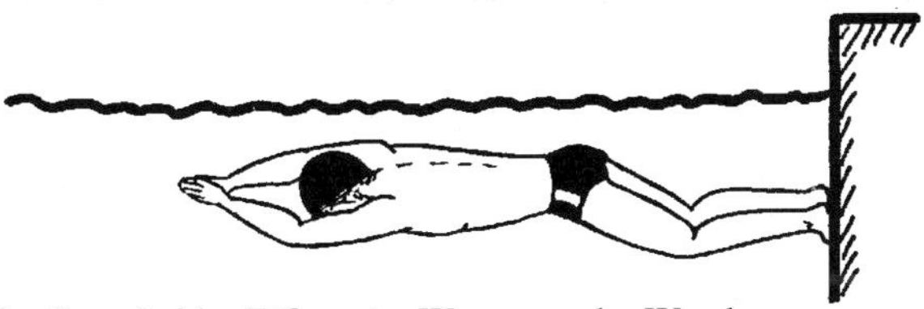

Abstoß

- Sichere Abstoßstellung beider Füße unter Wasser an der Wand (etwa 40-50 cm tief) und leichte Beugung im Hüft- und Kniegelenk.
- Arme sind vor dem Körper gestreckt.

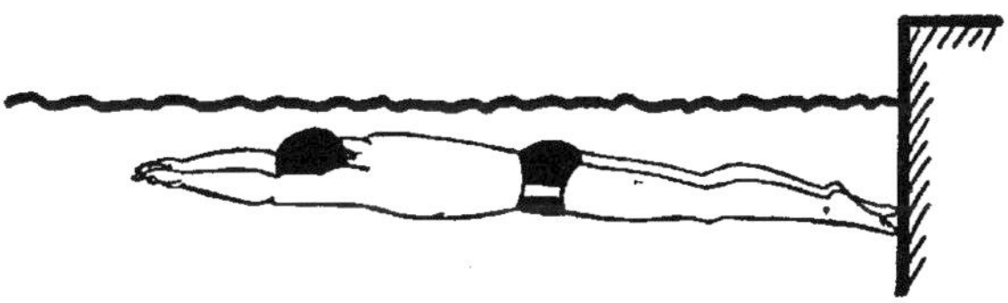

- Kräftiger Abstoß unter Wasser mit explosiver Körperstreckung.
- Kopf liegt zwischen den Armen.

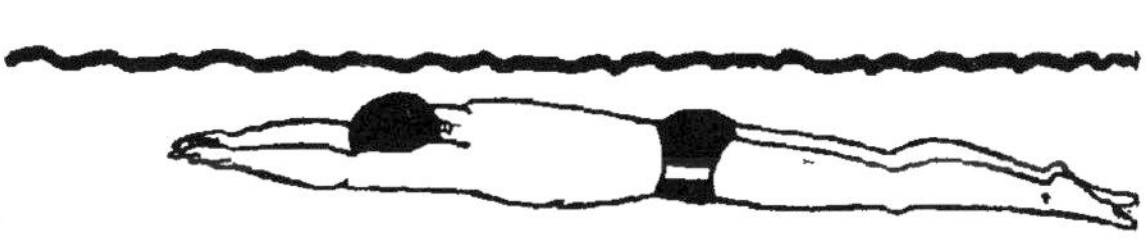

Gleitphase

- Kurze Gleitphase mit vollständiger Körperstreckung.
- Beendigung der Drehung um die Körperlängsachse bis in die Brustlage.
- Beginn der Ausatmung unter Wasser.

Übergang Schwimmbewegung

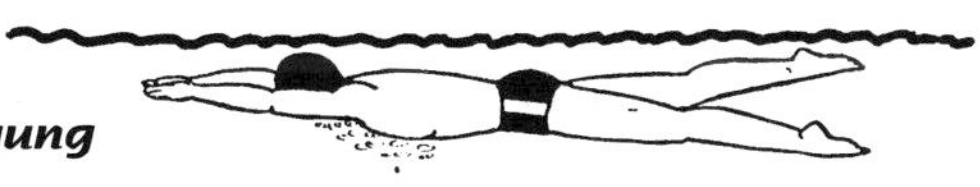

- Schnellkräftiger Einsatz der Beinbewegung, wenn die Gleitgeschwindigkeit etwa der Schwimmgeschwindigkeit entspricht.
- Beginn mit der ersten, besonders kraftvollen Armbewegung, wenn der Kopf die Wasseroberfläche erreicht hat.
- Beginn der Einatmung während des zweiten oder dritten Armzuges.

B: Grundanforderungen – Kraulwende mit Doppelarmzug

Für die Erfassung der Güte „Bewegungsausführung“ der Kraulwende sind die folgenden ausgewählten Bewegungsmerkmale zu beachten:

Grundanforderungen – Kraulwende mit Doppelarmzug	
Bewegungsmerkmal	Punkte
1. Anschwimmen	
Anschwimmen mit voller Geschwindigkeit. • **Anschwimmen ohne Abbremsen oder Angleiten!**	*1*
2. Doppelarmzug und Drehung	
Einleitung des Doppelarmzuges mit der „letzten“ Einatmung vor der Wand. • **Beide Hände drücken kräftig und lang nach hinten bis zum Oberschenkel**	*1*
Kopf bleibt noch an der Wasseroberfläche. • **Konsequente Beachtung der Kopfsteuerung.**	*1*
3. Abstoß und Übergang in die Schwimmbewegung	
Schnellkräftiger Abstoß unter Wasser bis zur Körperstreckung. • **Kopf ist zwischen den Armen.**	*1*
Nach kurzer Gleitphase erfolgt zuerst der Einsatz intensiver Beinbewegung, danach die Gesamtbewegung. • **Vollständige Ausatmung unter Wasser!**	*1*
Maximum der Punktbewertung	***5***

(vgl.: DSSV 1985, S. 16c)

! ***Die Beobachtungsergebnisse können mit Hilfe der Punktbewertung registriert und gruppenspezifische sowie individuelle, technikspezifische Mängel besser analysiert werden.***

Tips zur gedanklichen Technikorientierung

Anschwimmen

- *Intensive Beinbewegung*
- *Hohe Anschwimmgeschwindigkeit*
- *Kraftvoller Doppelarmzug zum Körper*

Drehung

- *Explosiver Schwung der Beine über Wasser zur Wand*
- *Kopf und Gegenschulter aktiv und kräftig schräg nach unten in die Drehrichtung drücken*
- *Orientierung an der Wasseroberfläche*

Abstoß ● Übergang in die Schwimmbewegung

- *Abstoß mit explosiver Körperstreckung*
- *Ausatmung*
- *Kopf liegt zwischen den Armen*
- *Schnellkräftige Beinbewegung und vollständige Ausatmung*
- *Kraftvolle Armbewegung, Einatmung nach dem zweiten oder dritten Armzug*

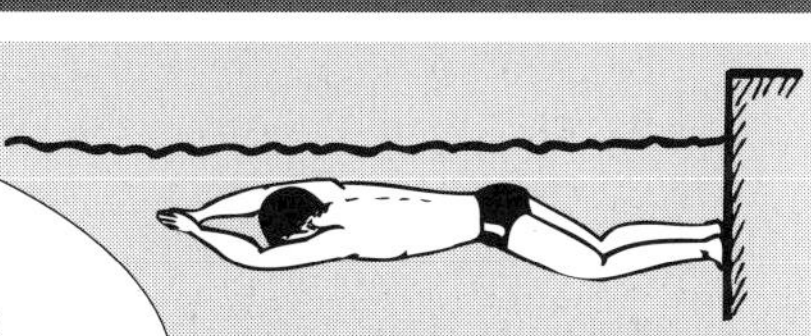

C: Lernabfolge – Kraulwende mit Doppelarmzug

In der folgenden Übersicht werden für die Kraulwende Hinweise für die inhaltliche Gestaltung der einzelnen Lernschritte angeboten.

Beachte:
Die numerierte Lernabfolge ist beizubehalten!

➤ Die Reihung der **Teilanforderungen** kann der gruppentypischen Situation angepaßt und variiert werden.

☞ **Zahlreiche Tips** für den Trainer sollen die Trainingspraxis unterstützen. Für das zielgerichtete Lerntraining können zur weiteren Qualifizierung der Schwimmtechnik spezielle Übungsformen im ● **Wasser-** bzw. ❍ **Landtraining** angewendet und durch den Trainer weiterentwickelt werden.

Lernabfolge mit Fixierung der Technikmerkmale
Kraulwende mit Doppelarmzug

Technikmerkmal

Spezielle Übungen beim ● Wasser- ❍ Landtraining

☞ Tips für den Trainer

Anschwimmen und Vorbereitung des Doppelarmzugs

1.

➤ **Anschwimmen mit Vororientierung.**

● 8 - 12 m vor der Wand schnell anschwimmen und die Entfernung zur Wand kontrollieren bzw. orientieren ➟ Ca. 2 m vor der Wand bleibt der eine Arm vorgestreckt liegen, der andere wird über Wasser nach vorn geschwungen ➟ Mit langgestreckten Armen wird in schnellkräftiger Kraulbeinbewegung (KB) bis zur Wand geschwommen (2 - 4 Wiederholungen).

☞ **Orientierungspunkte festlegen!**
☞ **Anschwimmen im Wettkampftempo!**
☞ **Einatmung mit dem letzten Armzug!**

➤ **Anschwimmen – Vorbereitung der Drehung.**

Übungsdemonstration zur Vorbereitung der Drehung

● 8 - 12 m vor der Wand im Wettkampftempo anschwimmen ➟ Vororientierung ➟ Ca. 2 m vor der Wand den Doppelarmzug vorbereiten ➟ Verstärkte KB ➟ Beide Hände kraftvoll nach hinten bis zum Oberschenkel drücken ➟ Drehung und Füße an die Wand ➟ Sicherer Halt der Füße an der Wendenwand (3 - 5 Wiederholungen).

☞ **Beibehaltung der intensiven KB bis zur Drehung!**
☞ **Kopf bleibt bis zur Vollendung des Doppelarmzuges an der Wasseroberfläche!**

Variation:

● **Querbahntraining** ➟ Aus dem kräftigem Abstoß mit maximalem Tempo an der gegenüberliegenden Wand den Doppelarmzug (ohne Abstoß) üben (2 - 6 Wiederholungen).

Idee:

- **Querbahn – Kampftraining:**
  Es wird eine Querbahn (ca. 12,5 m) aus dem Startsprung oder Abstoß geschwommen sowie an der Gegenseite mit vollendeter Drehung der Auftrag beendet.
  „Wer ist mit der Drehung der Schnellste?“

☞ **Trotz Kampfstimmung auf technisch korrekte Ausführung achten!**

2. Abstoßübungen in Brustlage

➤ **Sichere Abstoßstellung an der Wand (Flachwasser).**

❍ *Imitationsübungen zur Verinnerlichung des Abstoßes.*

- Erklären, Demonstrieren und kurzes, aber regelmäßiges Üben der Abstoßstellung im Flachwasser.

☞ **Sichere Fußstellung unter Wasser an der Wand!**

➤ **Kraftvolle Abstöße unter Wasser mit explosiver Körperstreckung (Flachwasser).**

- Kraftvoller Abstoß mit waagerechter Lage des Oberkörpers unter der Wasseroberfläche ➞ Explosive Körperstreckung ➞ Kopf ist zwischen den langgestreckten Armen ➞ Ausgleiten bis etwa 8 m (2 - 4 Wiederholungen).

☞ **Arme sind gestreckt!**

Abstoßübungen in der Brustlage

☞ **Kopf bleibt zwischen den Armen!**

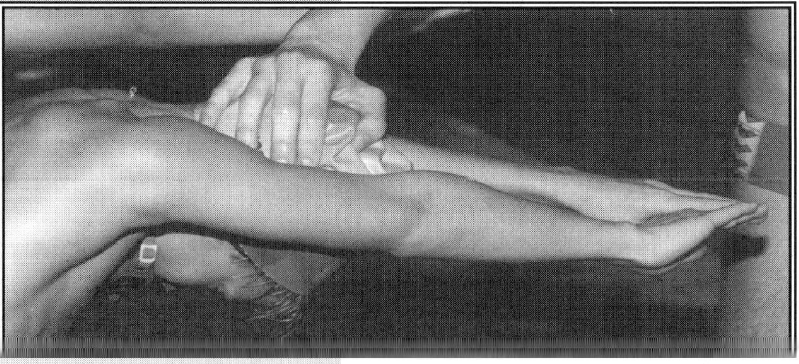

❍ *Entwicklung und Verbesserung der **Sprungkraft** in Verbindung mit der **Körperspannung**.*

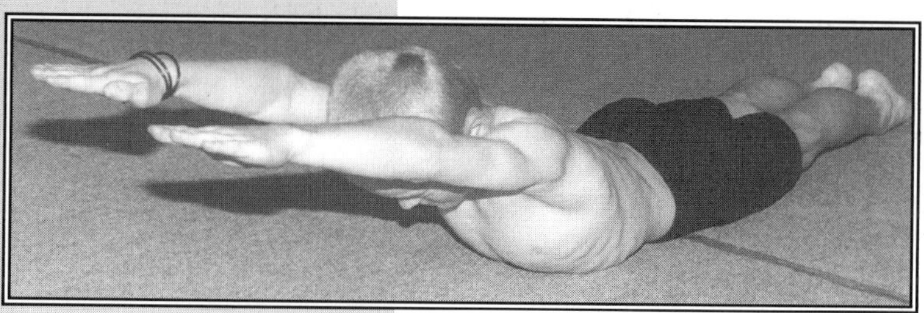

❍ ***Imitationsübungen** zur Schulung der explosiven und kraftvollen Bewegungsausführung.*

Hinweis:

☞ Übungen zur ***Sensibilisierung*** hinsichtlich extremer Abweichungen vom Technik-Leitbild zur Verbesserung des optimalen Abstoßes in Brustlage mit Übergang zur Schwimmbewegung.

Kopf ist zu hoch und bewirkt ein schnelleres Auftauchen.

● Kraftvoller Abstoß mit waagerechter Lage des Oberkörpers unter der Wasseroberfläche ➙ Explosive Körperstreckung ➙ Kopf ist zwischen den langgestreckten Armen ➙ Bis ca. 5 m unter der Wasseroberfläche in guter Strecklage gleiten ➙ Mit anschließender intensiver und schnellkräftiger Kraulbeinbewegung (bis 12 Schläge) mit ***sensibilisierenden Übungen*** der Abstoßrichtung mit anschließender Übergangsphase (1 - 2 Wiederholungen).

● ***Variieren der Kopf- und Armsteuerung in der Gleitphase:***
➙ ***Anheben des Kopfes;***
➙ ***Senken des Kopfes;***
➙ ***Abstoß mit weit geöffneten Armen u.v.m..***

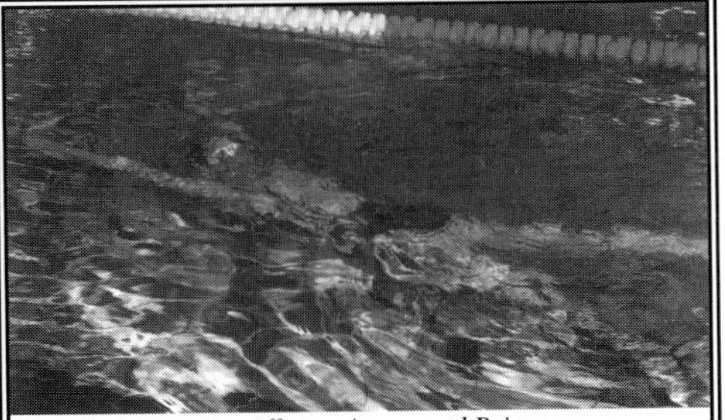

Abstoß mit zu weit geöffneten Armen und Beinen

Achtung:

☞ ***Sensibilisierendes Übungsprogramm*** mit dem optimalen Abstoß, Gleitphase und anschließender Übergangsphase abschließen!

Wettbewerb:

● Kraftvoller Abstoß mit waagerechter Lage des Oberkörpers unter der Wasseroberfläche ➞ Explosive Körperstreckung ➞ Kopf ist zwischen den gestreckten Armen ➞ Bis ca. 5 m unter der Wasseroberfläche in guter Strecklage gleiten ➞ 12 intensive und schnellkräftige KB ➞ Gleichmäßige bis vollständige Ausatmung ➞ [Stop].

☞ **Gemessen wird die Weite**.
„Wer kann am besten gleiten mit anschließender KB?“

❍ *Entwicklung und Verbesserung der* ***Orientierungs- und Kopplungsfähigkeit.***

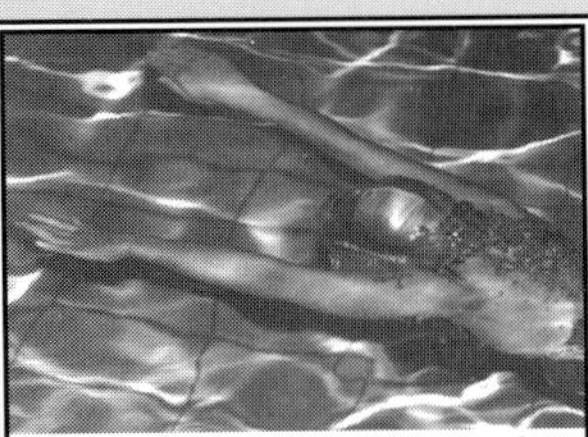

Kopf liegt zwischen den gestreckten Armen und gleichmäßiges langes Ausatmen.

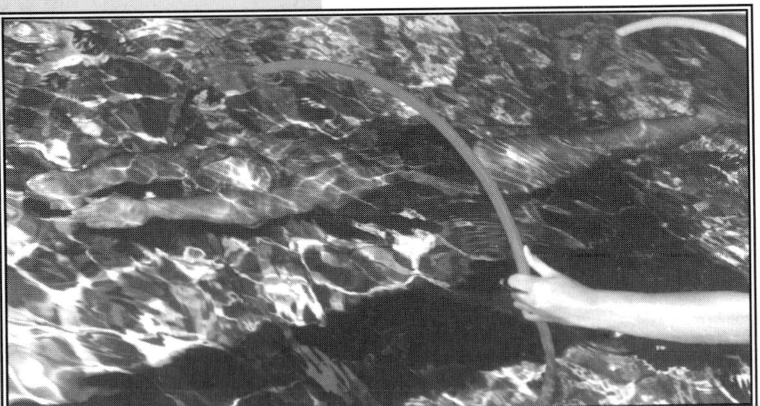

Idee:

- **Spielerische Übungsformen** zur Schulung des Abstoßes, Gleitens und des Überganges zur Schwimmbewegung.

- Kraftvoller Abstoß mit waagerechter Lage des Oberkörpers unter der Wasseroberfläche ➟ Explosive Körperstreckung ➟ Kopf ist zwischen den gestreckten Armen ➟ Gleiten ➟ Nach, unter und durch Geräte mit intensiven, schnellkräftigen KB ➟ Bei gleichmäßiger Ausatmung ➟ (je 1 - 2 Wiederholungen).

☞ **Auf gute Armstreckung achten!**

- Kraftvoller Abstoß mit ➟ Explosiver Körperstreckung ➟ Auf den Bassingrund abgleiten bei gleichmäßiger Ausatmung (maximal 3 m Tiefe) ➟ Bei anschließendem Auftauchen mit KB (1 - 2 Wiederholungen).

☞ **Auf gleichmäßige und vollständige Ausatmung achten!**

- Kraftvoller Abstoß mit ➟ Explosiver Körperstreckung ➟ In die Rückenlage drehen ➟ Gleiten ➟ In die Brustlage drehen ➟ Mit Einsatz intensiver KB unter der Wasseroberfläche bis etwa 10 m (1 - 2 Wiederholungen).

☞ **Auf die Armstreckung achten!**
☞ **Auf gleichmäßige und vollständige Ausatmung achten!**

3. Drehung und Abstoß

➤ **Kopf und Oberkörper steuern in die Drehrichtung.**

- Ca. 8-10 m vor der Wand im Wettkampftempo anschwimmen ➟ Einatmung beim Nachvornschwingen des letzten Armzuges vor dem Doppelarmzug ➟ Kopf und Gegenschulter aktiv und kräftig schräg nach unten in die Drehrichtung drücken ➟ Abstoß ➟ Gleiten bis ca. 6 m (2 - 4 Wiederholungen).

❍ *Übungen zur Entwicklung und Kräftigung der **Bauch- und Rumpfmuskulatur.***

❍ *Verbesserung koordinativer Voraussetzungen wie die der*
➟ ***Orientierungs-*** und
➟ ***Kopplungsfähigkeit.***

Die Judorolle mit Drehung als koordinative Übung an Land

● ➥ O.g. Übung (2 - 4 Wiederholungen).

☞ **Beine kräftig an der Wasseroberfläche einsetzen!**

☞ **Erst wenn der Kopf den tiefsten Drehpunkt erreicht, werden die Beine schwungvoll und schnell zur Wand gehockt!**

Variation: ***Zur Bewegungserweiterung und -erfahrung:***

● 25 m Kraulschwimmen mit 2 bis 3 (schnellen) Rollen vw. aus der Schwimmbewegung mit Doppelarmzug.

● Kraulschwimmen ➟ Auf Kommando (deutlich hörbarer Pfiff) aus dem Doppelarmzug ➟ Freiwasserdrehung und in die Schwimmrichtung zurück ➟ Gesamtbewegung bis zum nächsten Kommando (100 - 300 m „am laufendem Band“ schwimmen).

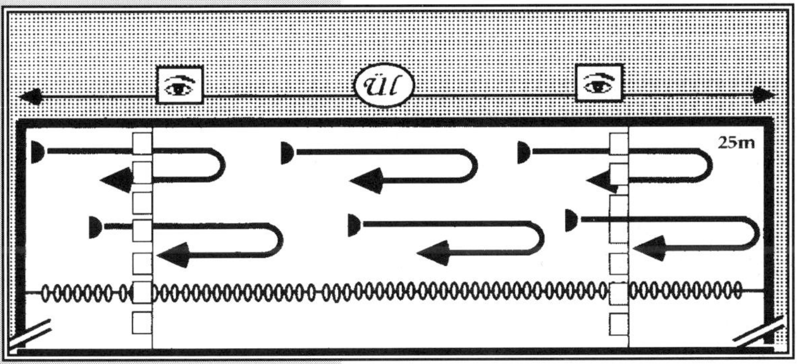

LEGENDE: ◗ Sportler · ➡ Schwimmrichtung ·) Freiwasserwende

Achtung:

- Diese spielerische Trainingsform erfordert Konzentration, Reaktionsschnelligkeit und Disziplin!

Beachte:

Dieser Technikausschnitt des Doppelarmzuges und die anschließende Drehung ist der wichtigste, aber gleichzeitig auch schwierigste Teil in der Ausführung. Ein richtig gezieltes, methodisches Vorgehen bis ins kleinste technische Detail ist ein Erfolgsgarant für einen hohen Zeitgewinn bei der Ausführung (Rentabilität) dieser Wendetechnik.

4. Abstoß - Übergang in die Schwimmbewegung

➤ **Aus der Drehbewegung in den Abstoß.**

- Ca. 8-10 m vor der Wand schnelles Anschwimmen ➡ Einatmung vor dem ➡ Kraftvollen Doppelarmzug mit intensiver Beinbewegung ➡ Explosive Drehung aus dem Doppelarmzug ➡ Sicherer Halt der Füße an der Wand ➡ Kraftvoller Abstoß ➡ Kurze Gleitphase ➡ Einsatz schnellkräftiger Beinbewegung unter Wasser bis etwa 5 m ➡ 3 Züge Gesamtbewegung ➡ Einatmung ➡ bis ca. 8 m nach der Wende mit hohem Tempo weiterschwimmen (3 - 5 Wiederholungen).

☞ **Mit Beginn der Beinbewegung auf gleichmäßige Ausatmung achten!**

☞ **Kopf- und Armsteuerung beachten!**

➤ **Übergang in die Schwimmbewegung aus dem Abstoß.**

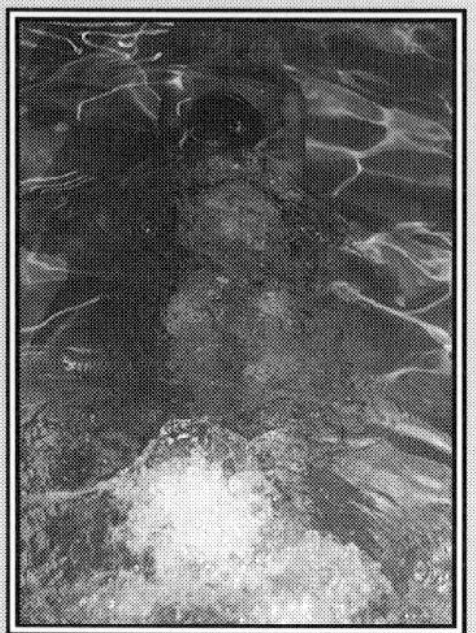

- Aus dem Abstoß ➞ Kurze Gleitphase ➞ Schnellkräftige Beinbewegung (mindestens 8 bis 12 Schläge) ➞ 3 Züge Gesamtbewegung ➞ Einatmung ➞ Bei hohem Tempo bis ca. 8 m nach der Wende weiterschwimmen (3 - 5 Wiederholungen).

☞ **Hände und Kopf lenken den gut gestreckten Körper zur Wasseroberfläche!**

☞ **Beinbewegung mit schnellem und intensivem Einsatz bei gleichmäßiger Ausatmung!**

➤ **Übergang in die Schwimmbewegung aus dem vollständigen Bewegungsablauf.**

- 6 - 8 m vor der Wand im Wettkampftempo anschwimmen ➞ Einatmung ➞ Doppelarmzug und explosive Drehung ➞ Sicherer Halt der Füße ➞ Abstoß mit gut gestreckten Armen und Kopf dazwischen ➞ Gleiten bei völliger Körperstreckung ➞ Gleichmäßige Ausatmung ➞ Kurzes Gleiten ➞ Einsatz schnellkräftiger Beinbewegung (bis 8 Schläge) unter Wasser ➞ 3 Züge Gesamtbewegung ➞ Einatmung ➞ Bis ca. 8 m nach der Wende mit hohem Tempo weiterschwimmen (3 - 5 Wiederholungen).

☞ **Kopf- und Armsteuerung bei der Drehung und Übergang zur Schwimmbewegung beachten!**

☞ **Fließende Übergänge zwischen den einzelnen Teilbewegungen!**

Wettbewerb:

- 8 m vor der Wand im Wettkampftempo anschwimmen ➞ Wende ➞ Kurzes Gleiten ➞ KB ➞ Gesamtbewegung-K bis 8 m (4 - 6 Wiederholungen).

☞ **Gemessen wird die Zeit mit „Kopfdurchlauf".**
„Wer ist der schnellste und technisch perfekte Wendenschwimmer im Kraulschwimmen?"

Beachte: **Jedes Wendentraining muß mit hoher Konzentration, Bewußtheit sowie mit anzustrebender Perfektion der einzelnen Phasen geübt werden!**

(in Anlehnung an *Schramm, E.* 1987, S. 228-229)

Tips zum Technik-Lerntraining

A: Standard-Kraulwende mit Doppelarmzug

Übungsdauer: ±15 Minuten
Anzahl der Wiederholungen: 8-12 x
Streckenumfang: 100-150 m (richtet sich nach der Anforderung und Gruppenstärke).
Intensität: Technikanforderung im Wettkampftempo!
SK: Entspanntes, lockeres Pausenschwimmen mit regelmäßigem Atmen.

Belastungsdauer: ±10"	Abschnitt I	Technikanforderung in maximaler Schnelligkeit (Sprint)
Intensität: I. Abschnitt = schnell II. Abschnitt = langsam	Abschnitt II **Idee:**	Schwimmkombination • In der Brustlage Kraul-Abschlagschwimmen mit Kraulbeinbewegung

- ***1. Lernschritt:***
  I. Abschnitt: 10-12 m anschwimmen (Wettkampftempo!) mit dem höchsten Tempo bis zur Einleitung des Doppelarmzuges – Drehung – Abstoß – Gleiten – [Stop]. Trainer gibt (kurzgefaßte) Technikhinweise.
  II. Abschnitt: Lockerschwimmen in Schwimmkombination (SK) zurück zur Begrenzung bis 12 m. – [Stop], Kommando oder Technikanweisung abwarten!

- ***2. Lernschritt:***
  I. Abschnitt: 8-10 m anschwimmen (Wettkampftempo!) – Vororientierung – Drehung – Abstoß – Gleiten in guter Strecklage – Übergang zur Kraulbeinbewegung bis 6 m unter Wasser bei gleichmäßiger Ausatmung – [Stop]. Trainer gibt (kurzgefaßte) Technikhinweise.
  II. Abschnitt: Lockerschwimmen in Schwimmkombination (SK) zurück zur Begrenzung bis 10 m. – [Stop], Kommando oder Technikanweisung abwarten! [Stop]. Trainer gibt (kurzgefaßte) Technikhinweise.
  III. Abschnitt: Lockerschwimmen in Schwimmkombination (SK) zurück zur Begrenzung bis 10 m. – [Stop], Kommando oder Technikanweisung abwarten!

● **3. Lernschritt:**

I. Abschnitt: 8-10 m anschwimmen (Wettkampftempo!) – Vororientierung – Drehung – Abstoß – kurzes Gleiten – Kraulbeinbewegung bis 6 m unter Wasser – Übergang zur Gesamtbewegung zurück zur Begrenzung – [Stop]. Trainer gibt (kurzgefaßte) Technikhinweise.

II. Abschnitt: Lockerschwimmen in Schwimmkombination (SK) 25-50 m (richtet sich nach der Anforderung und Gruppenstärke) zurück zur Begrenzung – [Stop]. Kommando oder Technikanweisung abwarten!

Beachte:

In den Technik-Lerntrainingseinheiten sollten die Lernschritte 1 bis 3 einzeln geübt und erst bei guter Beherrschung der Technikanforderung die darauf folgende Lernstufe aufgebaut werden.

☞ **Auf gute Körperstreckung achten!**
☞ **Auf Kopf- und Armsteuerung achten!**
☞ **Gleichmäßige Ausatmung unter Wasser!**

! Das Wende-Techniktraining in der Mitte der Bahn und nicht im „Rechtsverkehr“ üben

„Folgende Anforderungen verlangen hohe Konzentration“

Empfehlung zur Organisation

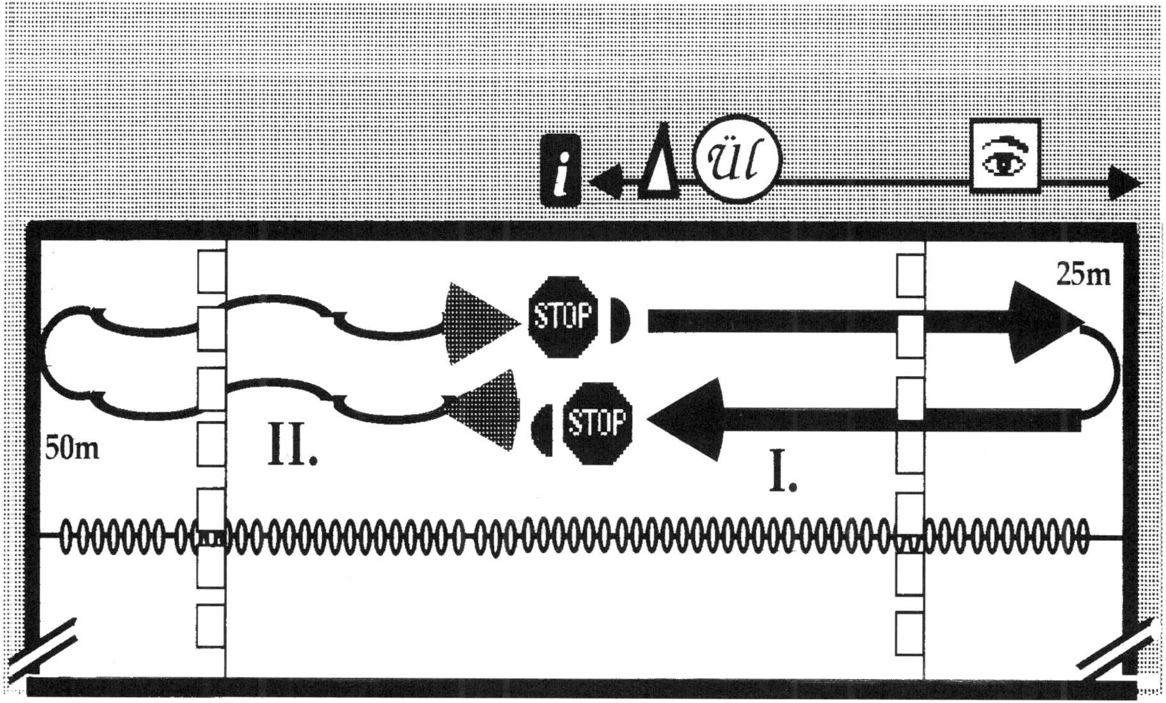

LEGENDE

- *i* Informationsgebung durch den Übungsleiter am Beginn und Ende des Technikabschnittes
- Ül Übungsleiter/ Trainer (T)/ Lehrer (L)
- Ül Standort und
- Beobachtungsbereich des ÜL/T/L
- Begrenzungsfähnchen (5 m vor der Wand)
- 0000 Schwimmleine
- Δ Streckenmarkierung
- STOP Sportler hält an für Informationshinweise vom ÜL/T/L
- I. Abschnitt der Technikanforderung
- ≈ II. Abschnitt in Schwimmkombination

B: Kombination Wende – Anschlag

Übungsdauer: ±15 Minuten
Anzahl der Wiederholungen: 4-6 x
Streckenumfang: 100-150 m
Aktive Pause: 1 bis 2 Minuten (mit Lockerschwimmen)

Belastungsdauer:	Abschnitt I + III	Technikanforderung in maximaler Schnelligkeit (Sprint)
Intensität: II. Abschnitt = langsam I. + III. Abschnitt = schnell	Abschnitt II **Idee:**	Schwimmkombination • In der Rückenlage Armbewegung im Rückenabschlag mit Rückenbeinbewegung

- ***I. Abschnitt:*** Auf Kommando die Wendenwand im hohen Tempo anschwimmen – Wende – Übergang zur Schwimmbewegung bis zur festgelegten Markierung (ca. 10 m) – [Stop]. Trainer gibt (kurzgefaßte) Informationshinweise.
- ***II. Abschnitt:*** Lockerschwimmen bis zur folgenden festgelegten Markierung (ca. 12,5 m vor Wand) – [Stop]. Kommando vom ÜL/T/L.
- ***III. Abschnitt:*** Anschwimmen zum Anschlag in hohem Tempo – Vororientierung ohne Abbremsen oder Tempoverlust schnellkräftig an die Wand anschlagen.
- ***II. Abschnitt:*** Lockerschwimmen bis zur folgenden Markierung für den Wendenabschnitt (I. Abschnitt – ca. 10 m vor Wand) – [Stop]. Kommando vom ÜL/T/L.

Beachte:
Hinweise zum technikorientierten Lerntraining nur auf eine Bewegungsaufgabe beschränken!

☞ **Der Lern-/Merkeffekt kann mit parallelen Technikhinweisen erhöht werden wie z.B.:**
„Vororientierung an der Bassinmarkierung!"
„Mit hohem Tempo bis zur Wand anschwimmen!"
Gruppenspezifische Technikhinweise geben!

! **Das Wende–Anschlag–Techniktraining in der Mitte der Bahn und nicht im „Rechtsverkehr" üben.**

Empfehlung zur Organisation

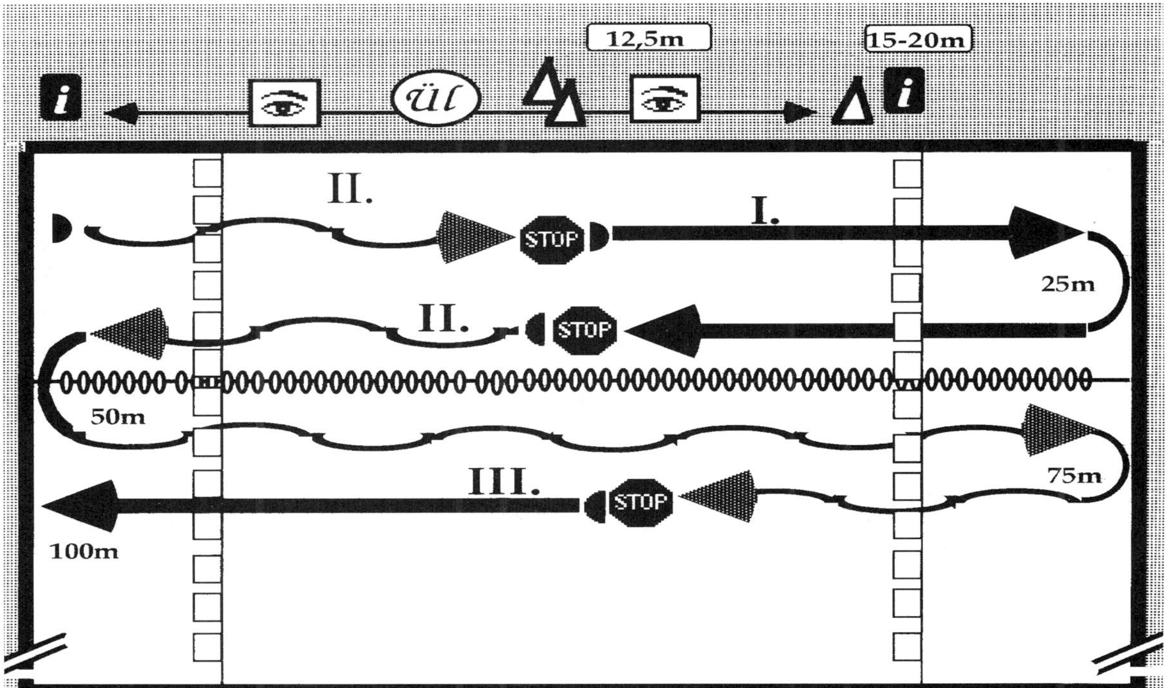

LEGENDE

- *i* Informationsgebung durch den Übungsleiter am Beginn und Ende des Technikabschnittes
- ÜL Übungsleiter/ Trainer (T)/ Lehrer (L)
- ÜL Standort und
- Beobachtungsbereich des ÜL/T/L
- Begrenzungsfähnchen (5 m vor der Wand)
- 0000 Schwimmleine
- Δ Streckenmarkierung
- STOP Sportler hält an für Informationshinweise vom ÜL/T/L
- I. + III. Abschnitt der Technikanforderung
- ≈ II. Abschnitt in Schwimmkombination

C: Kombination: Starts – Wenden – Anschlag

Übungsdauer:	±15 Minuten.
Anzahl der Wiederholungen:	4-6 x.
Streckenumfang:	100-150 m.
Aktive Pause:	1 bis 2 Minuten (mit Lockerschwimmen).

Belastungsdauer:	Abschnitt I + III + V	Technikanforderung in maximaler Schnelligkeit (Sprint)
Intensität: II. +V . Abschnitt = langsam I. + III. + IV. Abschnitt = schnell	Abschnitt II + IV ***Idee:***	Schwimmkombination • In der Kraul-Gesamtbewegung mit langem Abdruck der Arme und „Achseltip“ sowie der 3-er Atmung

- ***I. Abschnitt:*** Aus der Ausgangsstellung ➟ Kraftvoller Absprung auf Kommando ➟ Körperspannung in der Flugphase ➟ Eintauchen ➟ Kurze Gleitphase ➟ Schnellkräftige Beinbewegung unter Wasser ➟ Beginn der Gesamtbewegung beim Auftauchen ➟ Hohes Tempo beim Kraulschwimmen bis zur festgelegten Markierung; [Stop]. Trainer gibt (kurzgefaßte) Hinweise.
- ***II. Abschnitt:*** Fortsetzung des Schwimmens in SK; [Stop].
- ***III. Abschnitt:*** Auf Kommando die Wendenwand im hohen Tempo anschwimmen – Wende – Übergang zur Schwimmbewegung bis zur festgelegten Markierung (ca. 10 m) - [Stop]. Trainer gibt (kurzgefaßte) Informationshinweise.
- ***IV. Abschnitt:*** Lockerschwimmen bis zur folgenden Markierung für den Wendenabschnitt (I. Abschnitt – ca. 10 m vor Wand) – [Stop]. Kommando vom ÜL/T/L.
- ***V. Abschnitt:*** Anschwimmen zum Anschlag in hohem Tempo – Vororientierung an der Bassinmarkierung ohne Abbremsen oder Tempoverlust schnellkräftig an die Wand anschlagen.

Wettkampfvorbereitung:

! **Diese e.g. Kombination ist neben dem Lern-Techniktraining auch zur unmittelbaren Wettkampfvorbereitung (Einschwimmen) geeignet. Die erforderlichen Technikhinweise sollten hierbei positiv orientiert zur motivationalen Unterstützung gegeben werden.**

☞ **Individuell auf die Sportlerpersönlichkeit bezogene Hinweise geben!**

Empfehlung zur Organisation

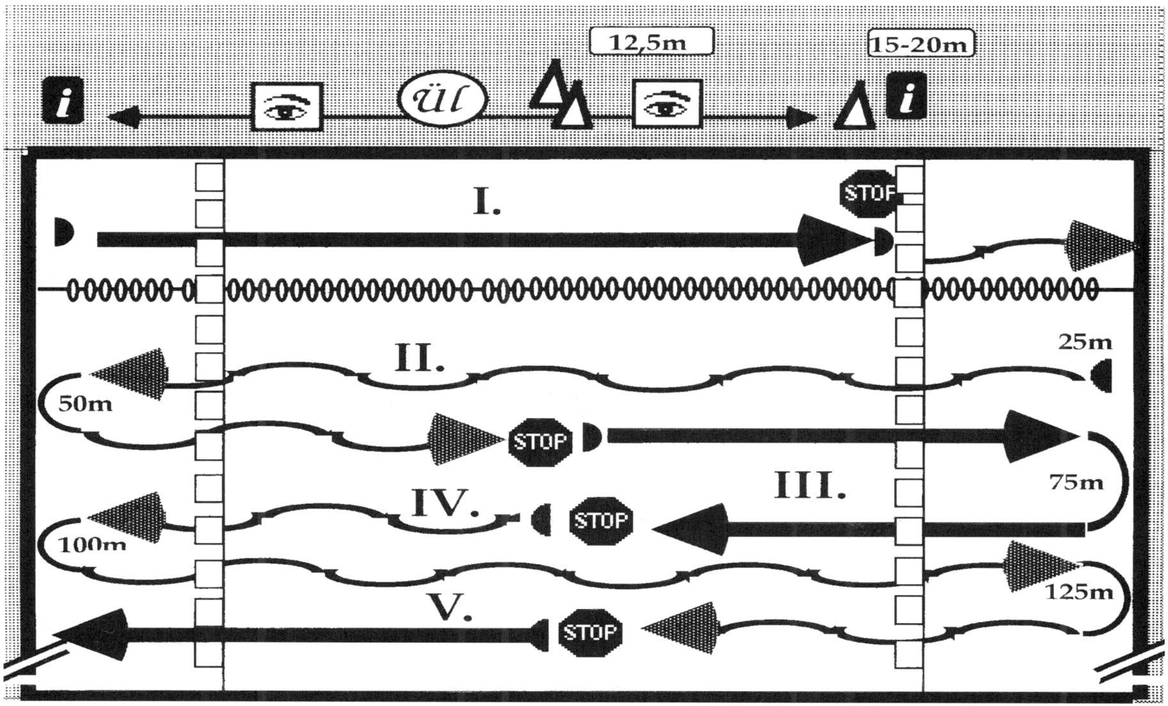

LEGENDE

- *i* Informationsgebung durch den Übungsleiter am Beginn und Ende des Technikabschnittes
- ÜL Übungsleiter/ Trainer (T)/ Lehrer (L)
- ÜL Standort und
- Beobachtungsbereich des ÜL/T/L
- Begrenzungsfähnchen (5 m vor der Wand)
- 0000 Schwimmleine
- △ Streckenmarkierung
- STOP Sportler hält an für Informationshinweise vom ÜL/T/L
- I. + III. + V. Abschnitt der Technikanforderung
- ≈ II. + IV. Abschnitt in Schwimmkombination

„Sch......schade, die Wende habe ich verpasst!"

2.6

Lagenwende

Brustschwimmen – Kraulschwimmen

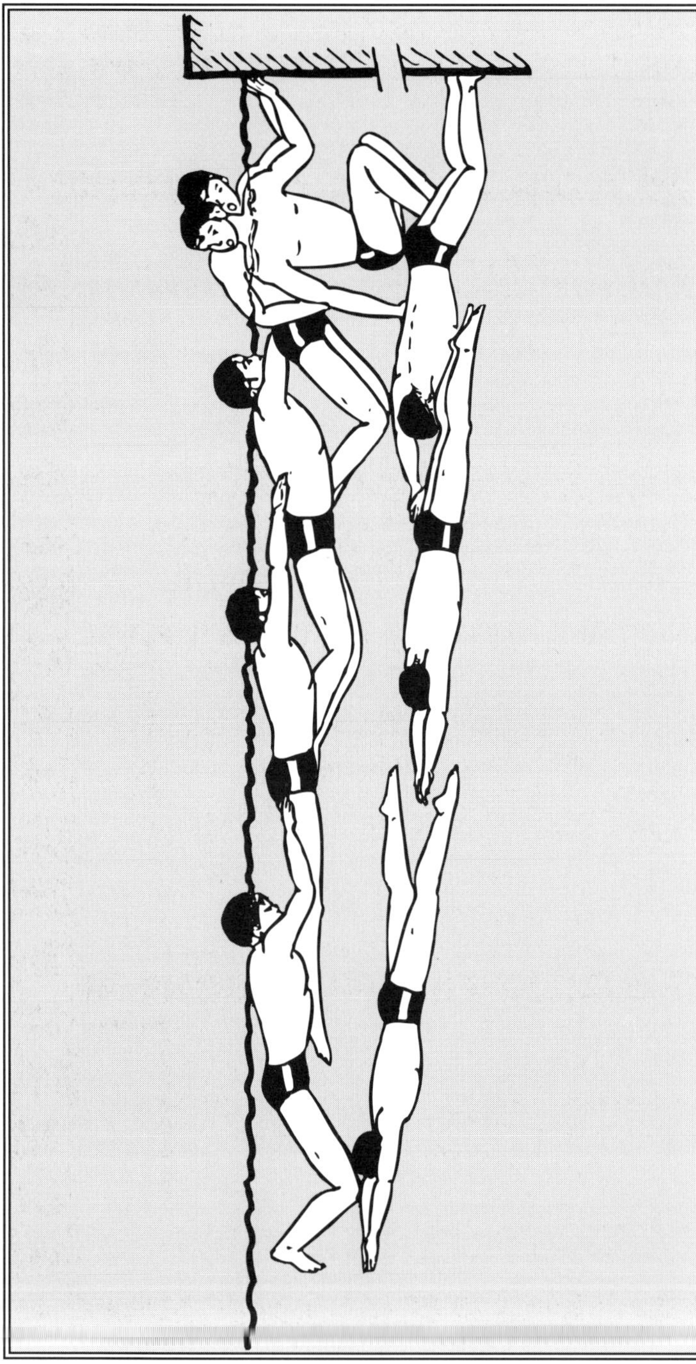

Aufgabenstellung

Richtungsumkehr und Schwimmartwechsel an der Wendenwand
mit einer Wendengeschwindigkeit,
die größer als die Schwimmgeschwindigkeit sein muß.

A: Technikschwerpunkte – Lagenwende Brustschwimmen – Kraulschwimmen

Hinweis:
Die Wende vom **Brustschwimmen zum Kraulschwimmen** entspricht in den Phasen des **Anschwimmens bis zum Abstoß der Wende des Brustschwimmens** sowie in der Phase des **Gleiten bis zum Übergang in die Schwimmbewegung der Wende des Kraulschwimmens.** Die näheren technischen Details können in diesen Abschnitten und an den entsprechenden Bildreihen nachgelesen werden.

Anschwimmen und Anschlag

- Anschwimmen mit voller Geschwindigkeit und Vororientierung an der Wendenwand ohne Beeinträchtigung des Schwimmrhythmus.

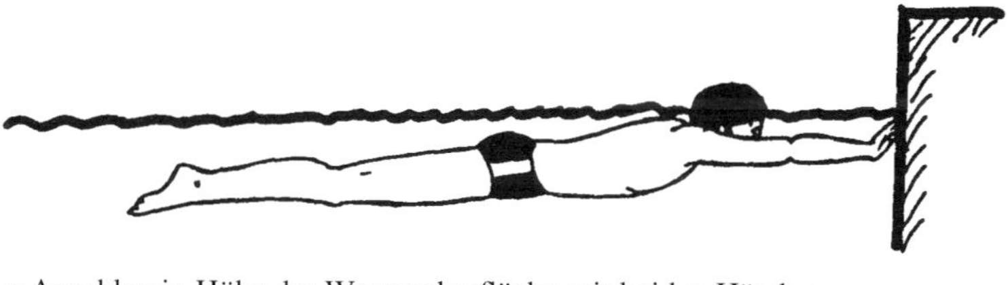

- Anschlag in Höhe der Wasseroberfläche mit beiden Händen gleichzeitig und leicht gebeugt.

Drehung

- Abdruck und Lösen der einen Hand von der Wand.
- Aktive Drehung des Kopfes und Oberkörpers in die neue Schwimmrichtung.
- Gleichzeitiges, schnellkräftiges Anhocken der Beine zur Wand und in Drehrichtung.
- Einatmung während der Drehung.

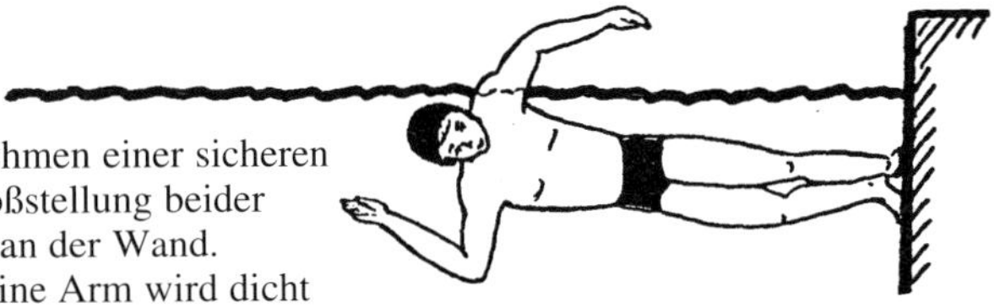

- Einnehmen einer sicheren Abstoßstellung beider Füße an der Wand.
- Der eine Arm wird dicht am Körper unter Wasser in die Strecklage gebracht, den anderen Arm mit dem Abdruck von der Wand schwungvoll über Wasser nach vorn strecken.

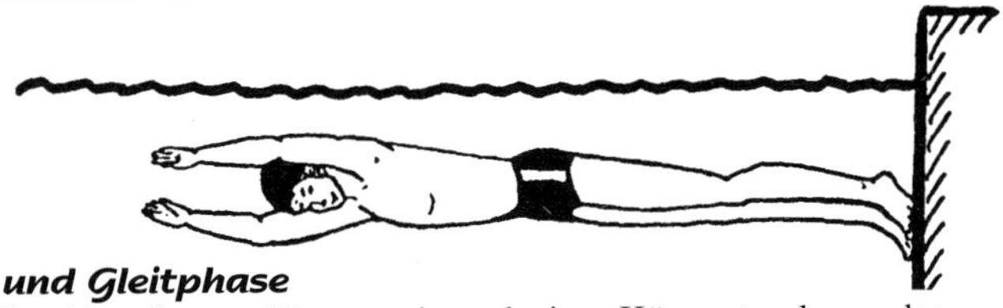

Abstoß und Gleitphase

- Kraftvoller Abstoß unter Wasser mit explosiver Körperstreckung, der Kopf liegt zwischen den Armen.
- Kurze Gleitphase mit Beginn der Ausatmung.

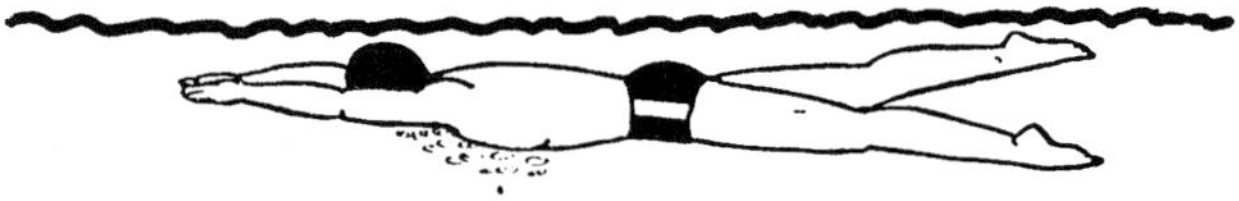

Übergang Schwimmbewegung

- Schnellkräftiger Einsatz der Beinbewegung.
- Beginn mit dem ersten, besonders kraftvollen Armzug, wenn der Kopf die Wasseroberfläche erreicht hat.
- Beginn der Einatmung während des zweiten oder dritten Armzuges.

Tips zur gedanklichen Technikorientierung

● Wende Lagenschwimmen vom Brustschwimmen zum Kraulschwimmen

● Anschwimmen ● Drehung

● Hohes Anschwimmtempo
● Anschlag mit beiden Händen gleichzeitig

● Schnellkräftige Drehung mit aktivem Einsatz des Kopfes und des Oberkörpers
● Einatmung

● Abstoß

● Kraftvoller Abstoß mit explosiver Körperstreckung

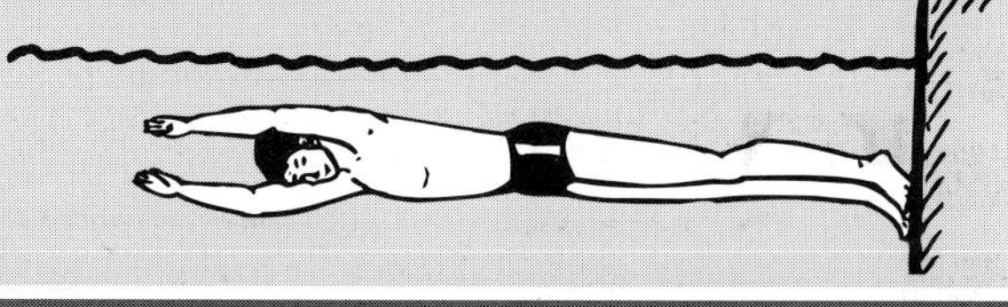

● Übergang in die Schwimmbewegung

● Nach kurzem Gleiten, schnellkräftiger Einsatz der Beinbewegung ● Ausatmung
● Kräftiger Armeinsatz, wenn der Kopf die Wasseroberfläche erreicht hat
● Einatmung nach dem dritten Armzug

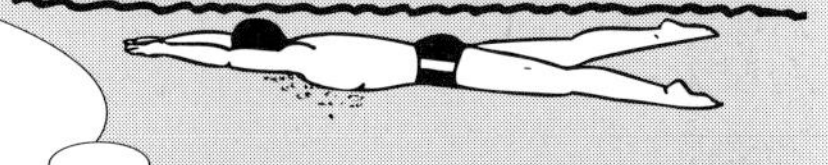

B: Grundanforderungen – Lagenwende Brustschwimmen – Kraulschwimmen

Für die Erfassung der Güte „Bewegungsausführung" der Lagenwende sind die folgenden ausgewählten Bewegungsmerkmale zu beachten:

Grundanforderungen – Lagenwende Brust-/Kraulschwimmen	
☉ **Bewegungsmerkmal**	Punkte
1. Anschwimmen	
☉ Vororientierung und Anschwimmen mit voller Geschwindigkeit.	
☞ • **Anschwimmen ohne Abbremsen oder Angleiten.**	1
2. Einleitung der Wende und Drehung	
☉ Anschlag der Hände und Aufrichten des Oberkörpers.	
☞ • **Kopf wird aktiv in die neue Schwimmrichtung gedreht.**	1
☉ Drehung des Oberkörpers in die neue Schwimmrichtung.	
☞ • **Ein Arm wird über Wasser aktiv in die neue Schwimmrichtung geschwungen.**	1
3. Abstoß und Übergang in die Schwimmbewegung	
☉ Schnellkräftiger Abstoß unter Wasser bis zur Körperstreckung.	
☞ • **Kopf liegt zwischen den Armen.**	1
☉ Nach kurzer Gleitphase erfolgt zuerst der Einsatz intensiver Kraulbeinbewegung, danach die Gesamtbewegung.	
☞ • **Vollständige Ausatmung unter Wasser.**	1
Maximum der Punktbewertung	**5**

(vgl.: DSSV 1985, S. 16c)

! ***Die Beobachtungsergebnisse können mit Hilfe der Punktbewertung registriert und gruppenspezifische sowie individuelle, technikspezifische Mängel besser analysiert werden.***

C: Lernabfolge – Lagenwende Brustschwimmen – Kraulschwimmen

In der folgenden Übersicht werden zur Lagenwende Hinweise für die inhaltliche Gestaltung der einzelnen Lernschritte angeboten.

Beachte:
Die numerierte Lernabfolge ist beizubehalten!

➤ Die Reihung der **Teilanforderungen** kann der gruppentypischen Situation angepaßt und variiert werden.

☞ **Zahlreiche Tips** für den Trainer sollen die Trainingspraxis unterstützen. Für das zielgerichtete Lerntraining können zur weiteren Qualifizierung der Schwimmtechnik spezielle Übungsformen im ● **Wasser-** bzw. ❍ **Landtraining** angewendet und durch den Trainer weiterentwickelt werden.

Lernabfolge mit Fixierung der Technikmerkmale
Lagenwende: Brust-/Kraulschwimmen

Technikmerkmal
Spezielle Übungen beim ● Wasser- ❍ Landtraining
☞ Tips für den Trainer

Anschwimmen und Anschlag

1.

➤ **Anschwimmen mit Vororientierung.**

❍ *Imitationsübungen zur Schulung des Anschlages.*
☞ **Anschlag beider Hände gleichzeitig und mit langen Armen!**
● Ca. 8-12,5 m vor der Wand schnell anschwimmen und die Entfernung zur Wand kontrollieren bzw. orientieren → Mit hohem Tempo bis zur Wand anschwimmen → Anschlag.
☞ **Anschwimmen im Wettkampftempo!**
☞ **Anschlag beider Hände mit langen Armen!**

Anschlag – Drehung

2.

➤ **Anschlag beider Hände.**

Finger zeigen in Drehrichtung

● Ca. 8-12,5 m vor der Wand mit hohem Tempo anschwimmen → Vororientieren → Anschlag beider Hände in Drehrichtung → Abdruck von der Wand in die neue Drehrichtung.
☞ **Finger zeigen in Drehrichtung!**

➤ **Anschlag in Drehrichtung.**

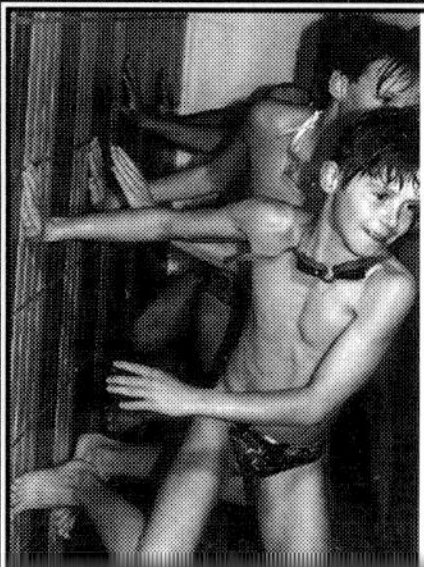

Drehung mit Kopf- und Armeinsatz

● Ca. 8-10 m vor der Wand mit hohem Tempo anschwimmen → Vororientieren → Anschlag → Abdruck von der Wand in die neue Drehrichtung.
☞ **Abdruck der Hände und Aufrichten des Oberkörpers nach oben und in die neue Drehrichtung!**

❍ *Übungen zur Schulung der Drehung um die Körperlängsachse, wie Laufübungen kombiniert mit Drehungen um 180° auf Kommando.*

☞ **Drehung mit bewußte, aktiven Kopfeinsatz!**

☞ **Drehung mit bewußten Kopf- und Armeinsatz!**

❍ *Übungen zur Schulung der **Koordination** ➟ **Orientierungsfähigkeit.***

Drehung – Abstoß

3.

➤ **Drehung mit Abdruck der Hände.**

● Ca. 6-10 m vor der Wand im Wettkampftempo anschwimmen ➟ Vororientieren ➟ Anschlag beider Hände in Drehrichtung ➟ Abdruck beider Hände von der Wand in die neue Drehrichtung ➟ Schnellkräftiges Anhocken der Beine an die Wand in Drehrichtung ➟ Abstoß ➟ Gleiten bis etwa 5 m nach der Wand.

☞ **Abdruck der Hände, Aufrichten des Oberkörpers nach oben und in die neue Drehrichtung!**

➤ **Drehung mit aktiven Kopfeinsatz.**

● Ca. 6-10 m vor der Wand im Wettkampftempo anschwimmen – Vororientieren ➟ Anschlag ➟ Drehung mit aktiven Kopfeinsatz in die neue Schwimmrichtung ➟ Abdruck ➟ Anhocken der Beine an die Wand in Drehrichtung ➟ Abstoß ➟ Gleiten bis etwa 5 m nach der Wand.

☞ **Kopfsteuerung beachten!**

➤ **Drehung mit schnellkräftigem Anhocken der Beine.**

● Ca. 6-10 m vor der Wand in Wettkampftempo anschwimmen ➟ Vororientieren ➟ Anschlag ➟ Abdruck ➟ Schnellkräftiges Anhocken der Beine an die Wand in Drehrichtung ➟ Abstoß ➟ Gleiten bis etwa 5 m nach der Wand.

☞ **Knie explosiv anhocken und in die neue Drehrichtung reißen!**

Variation:

● ***Querbahntraining***
Aus dem Startsprung oder Abstoß mit maximalem Tempo an die gegenüberliegende Wand anschwimmen ➟ Drehung ➟ Abstoß ➟ Ausgleiten.

☞ **1 bis maximal 2 Technikschwerpunkte festlegen!**

Idee:

- ***Querbahn – Kampftraining:*** Es wird eine Querbahn (ca. 12,5 m) mit Abstoß geschwommen sowie an der Gegenseite mit vollendeter Drehung und Gleiten der Auftrag beendet. ***„Wer ist mit der Drehung der Schnellste?“***

☞ **Trotz Kampfstimmung auf technisch korrekte Ausführung achten!**

➤ **Drehung – seitliches Abkippen des Oberkörpers.**

❍ *Imitationsübungen zur Schulung der Drehung mit Armschwung.*

❍ *Übungen zur Schulung der* ***Koordination*** ➟ ***Orientierungsfähigkeit.***

Imitations-Drehung mit Armschwung

- Ca. 8-12,5 m vor der Wand in Wettkampftempo anschwimmen ➟ Vororientieren ➟ Anschlag ➟ Abdruck ➟ Schnellkräftiges Anhocken der Beine an die Wand in Drehrichtung ➟ Abkippen des Oberkörpers nach der Drehseite mit schwungvollem Einsatz des einen Armes über Wasser in die neue Schwimmrichtung ➟ Kopf und der andere Arme liegen horizontal unter Wasser ➟ Abstoß ➟ Gleiten ➟ Übergang in die Kraulbeinbewegung bis etwa 8 m nach der Wand.

☞ **Beim seitlichen Abkippen des Oberkörpers den Armschwung beachten!**

☞ **Beim Vorschwingen des Armes in die neue Schwimmrichtung sollte auf die sichere Stellung der Füße an der Wendenwand geachtet werden!**

Beachte:

Dieser Technikausschnitt der Drehung mit Armschwung ist der wichtigste, aber gleichzeitig auch schwierigste Teil in der Ausführung. Ein richtig gezieltes, methodisches Vorgehen bis ins kleinste technische Detail ist ein Erfolgsgarant für einem hohen Zeitgewinn bei der Ausführung (Rentabilität) dieser Wendetechnik.

➤ **Kräftiger Abstoß beider Füße.**

❍ *Übungen zur Entwicklung und Verbesserung der* ***Sprungkraft.***

Sprungkrafttraining

- Ca. 6-8 m vor der Wand in Wettkampftempo anschwimmen ➞ Vororientieren ➞ Anschlag ➞ Abdruck ➞ Schnellkräftiges Anhocken der Beine ➞ Abkippen des Oberkörpers nach der Drehseite mit schwungvollem Einsatz des einen Armes über Wasser ➞ Kopf und der andere Arm liegen horizontal unter Wasser ➞ Kraftvoller Abstoß bei sicheren Stand der Füße an der Wendenwand ➞ Gleiten ➞ Übergang in die Kraulbeinbewegung bis etwa 8 m nach der Wand.

☞ **Schnellkräftiger Abstoß unter Wasser bis zur völligen Körperstreckung!**

☞ **Abstoß erfolgt horizontal unter Wasser!**

Abstoß – Übergang in die Schwimmbewegung

4.

➤ **Aus dem Abstoß in die Schwimmbewegung.**

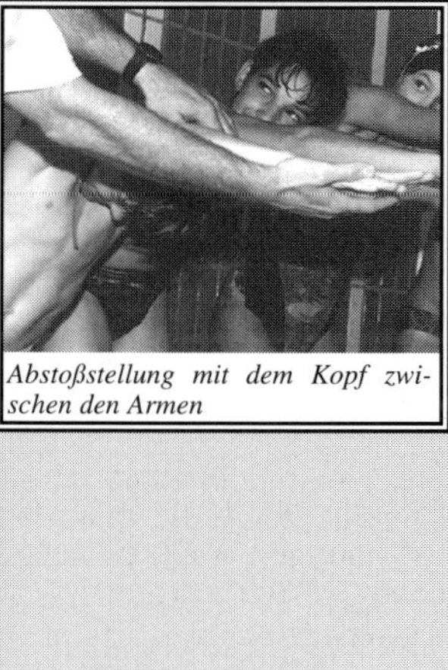
Abstoßstellung mit dem Kopf zwischen den Armen

- Ca. 6-8 m vor der Wand in Wettkampftempo anschwimmen ➞ Vororientieren ➞ Anschlag ➞ Abdruck ➞ Schnellkräftiges Anhocken der Beine ➞ Abkippen des Oberkörpers nach der Drehseite mit schwungvollem Einsatz des einen Armes über Wasser ➞ Kopf und der andere Arm liegen horizontal unter Wasser ➞ Explosive Drehung aus dem sicheren Halt der Füße an der Wand ➞ Kraftvoller Abstoß ➞ Kurze Gleitphase ➞ Einsatz schnellkräftiger Beinbewegung unter Wasser (mindestens 8 bis 12 Schläge) bis etwa 5 m ➞ 3 Züge Gesamtbewegung ➞ Einatmung ➞ Bei hohem Tempo bis ca. 10 m nach der Wende weiterschwimmen.

☞ **Hände und Kopf lenken den gut gestreckten Körper zur Wasseroberfläche!**

☞ **Beinbewegung mit schnellem und intensivem Einsatz bei gleichmäßiger Ausatmung!**

Variation: ***Zur Bewegungserweiterung und -erfahrung:***

- 5-8 m Brustschwimmen mit anschließender (schneller) Freiwasserdrehung sw. aus der Schwimmbewegung um 180° mit Übergang in die Kraulbewegung; das Schwimmen fortsetzen.

(in Anlehnung an SCHRAMM, E. 1987, S. 228 - 229)

Tips zum Technik-Lerntraining

A: Standard-Lagenwende: Brust-/Kraulschwimmen

Übungsdauer: ±15 Minuten
Anzahl der Wiederholungen: 6-8 x
Streckenumfang: 50-75 m
Aktive Pause: 1 bis 2 Minuten (mit Lockerschwimmen)
Belastungsdauer: ±15”

Belastungsdauer: ±10“	Abschnitt I	Technikanforderung in maximaler Schnelligkeit (Sprint)
Intensität:	Abschnitt II **Idee:**	Schwimmkombination • Schwimmkombination als Lockerschwimmen In der Rückenlage Armbewegung im Gleichschlag mit Rückenbeinbewegung (RGL+RB)

- ***I. Abschnitt:*** 8-12 m im Brustschwimmen anschwimmen (Wettkampftempo!) mit dem höchsten Tempo zwischen der Flaggenbegrenzung (5 m + 5 m) ➟ Wende ➟ Übergang zur Schwimmbewegung in das Kraulschwimmen bis 12 m. [Stop] Trainer gibt (kurzgefaßte) Technikhinweise und danach
- ***II. Abschnitt:*** Lockeres Schwimmen in Schwimmkombination (RGL+RB) ➟ [Stop].

Beachte:

In den Technik-Lerntrainingseinheiten sollten die Lernschritte 1 bis 4 einzeln geübt und erst bei guter Beherrschung der Technikanforderung die darauf folgende Lernstufe aufgebaut werden.

☞ ***Auf schnelle und technisch korrekte Wendenausführung achten!***
☞ ***Auf Armschwung bei der Drehung achten!***
☞ ***Schnellkräftige Kraulbeinbewegung nach dem Abstoß!***

! **Das Wende-Techniktraining in der Mitte der Bahn und nicht im „Rechtsverkehr“ üben.**

Empfehlung zur Organisation

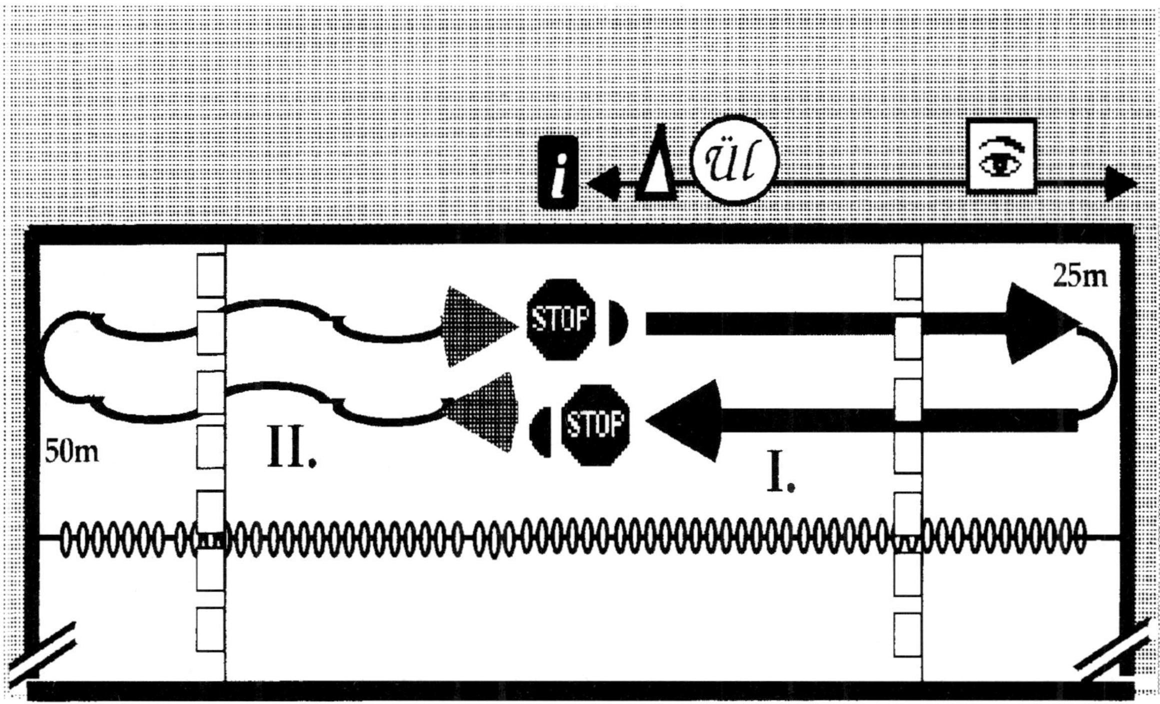

LEGENDE

- *i* Informationsgebung durch den Übungsleiter am Beginn und Ende des Technikabschnittes
- ÜL Übungsleiter/ Trainer (T)/ Lehrer (L)
- ÜL Standort und
- Beobachtungsbereich des ÜL/T/L
- Begrenzungsfähnchen (5 m vor der Wand)
- 0000 Schwimmleine
- Δ Streckenmarkierung
- STOP Sportler hält an für Informationshinweise vom ÜL/T/L
- I. Abschnitt der Technikanforderung
- ≈ II. Abschnitt in Schwimmkombination

B: Kombination Lagenwende – Anschlag

Übungsdauer: ±15 Minuten
Anzahl der Wiederholungen: 4-6 x
Streckenumfang: 100-150 m
Aktive Pause: 1 bis 2 Minuten (mit Lockerschwimmen)
Belastungsdauer: ±15”

Belastungsdauer:	Abschnitt I + III	Technikanforderung in maximaler Schnelligkeit (Sprint)
Intensität:	Abschnitt II + IV **Idee:**	Schwimmkombination als Lockerschwimmen • In der Rückengleitlage Armbewegung im Gleichschlag mit Rückenbeinbewegung (RGL+RB)

- *I. Abschnitt:* Auf Kommando die Wendenwand im Brustschwimmen mit hohem Tempo anschwimmen ➟ Wende ➟ Übergang zur Schwimmbewegung im Kraulschwimmen bis zur festgelegten Markierung (ca. 10 m) ➟ [Stop]. (kurzgefaßte) Informationshinweise.
- *II. Abschnitt:* Lockerschwimmen (RGL+RB) bis zur folgenden festgelegten Markierung (ca. 8 m vor Wand) ➟ [Stop] Kommando vom ÜL/T/L.
- *III. Abschnitt:* Anschwimmen zum Anschlag in hohem Tempo ➟ (Flaggenbegrenzung) ohne Abbremsen oder Tempoverlust schnellkräftig an die Wand anschlagen.
- *II. Abschnitt:* Lockerschwimmen (RGL+RB) bis zur folgenden Markierung für den Wendenabschnitt (I. Abschnitt – ca. 10 m vor Wand) ➟ [Stop] Kommando vom ÜL/T/L.

Beachte:
Hinweise zum technikorientierten Lerntraining nur auf eine Bewegungsaufgabe beschränken!

☞ **Der Lern-/Merkeffekt kann mit parallelen Technikhinweisen erhöht werden wie z.B.: *„Vororientierung an der Flaggenbegrenzung!“ „Mit hohem Tempo bis zur Wand anschwimmen!“***

☞ **Gruppenspezifische Technikhinweise geben!**

! Das Wende – Anschlag – Techniktraining in der Mitte der Bahn und nicht im „Rechtsverkehr“ üben.

Wettkampfvorbereitung: Diese e.g. Kombination ist neben dem Technik-Lerntraining auch zur unmittelbaren Wettkampfvorbereitung (Einschwimmen) geeignet. Die erforderlichen Technikhinweise sollten hierbei positiv orientiert zur motivationalen Unterstützung gegeben werden.

☞ **Individuell auf die Sportlerpersönlichkeit bezogene Hinweise geben!**

Empfehlung zur Organisation

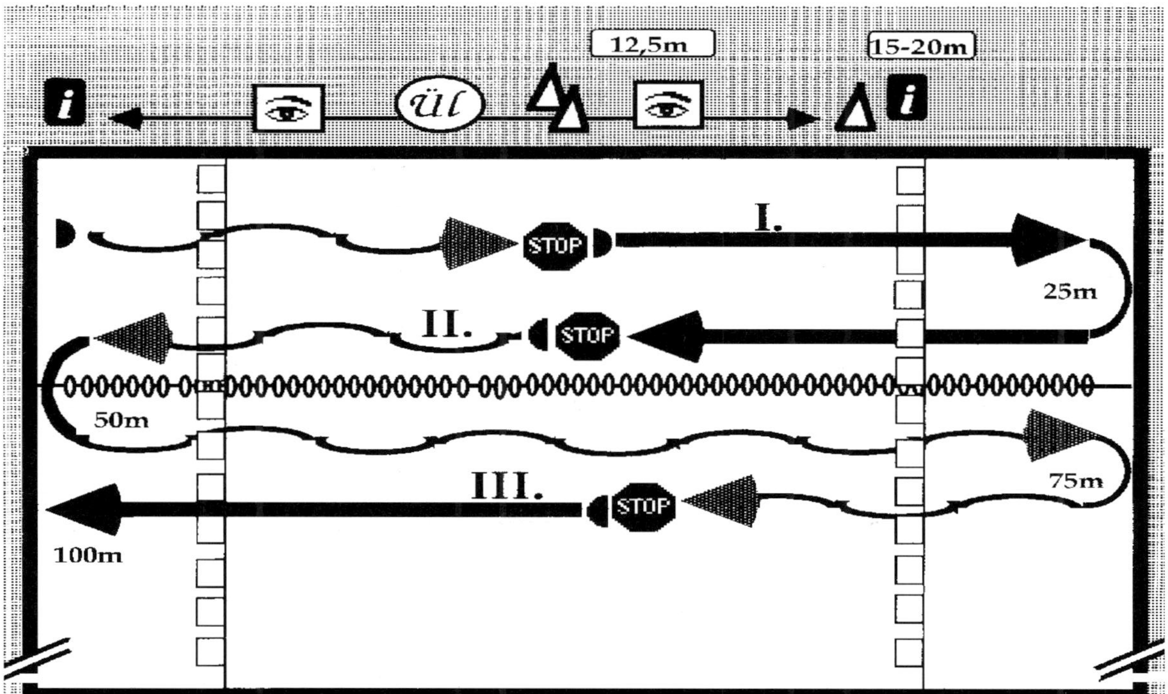

LEGENDE

- *i* Informationsgebung durch den Übungsleiter am Beginn und Ende des Technikabschnittes
- Ül Übungsleiter/ Trainer (T)/ Lehrer (L)
- Ül Standort und
- Beobachtungsbereich des ÜL/T/L
- Begrenzungsfähnchen (5 m vor der Wand)
- 0000 Schwimmleine
- Δ Streckenmarkierung
- STOP Sportler hält an für Informationshinweise vom ÜL/T/L
- I. + III. Abschnitt der Technikanforderung
- ≈ II. Abschnitt in Schwimmkombination

2.7 Testformular Schwimmtechnik

Testformular - Schwimmtechnik

Name: Vorname: Gruppe: Datum:

A: Kraulschwimmen

Bewegungsmerkmal	Punkte
1. Beinbewegung	
Ununterbrochene, wirkungsvolle Schlagbewegung der Beine aus der Hüfte.	☐
2. Armbewegung	
Ununterbrochene Aufeinanderfolge der Abdruckbewegung der Arme.	☐
„Ellbogen-vorn-Haltung“ und Anstellen der Hände.	☐
Beidseitige Atemtechnik.	☐
3. Körperlage	
Ruhige, gut gestreckte Körperhaltung.	☐
Maximale Punktzahl = 5 ☑	**Summe:**

B: Startsprung

Bewegungsmerkmal	Punkte
1. Startstellung	
Sicherer Stand auf dem Startblock mit nach vorn geneigtem Oberkörper.	☐
2. Absprung	
Schnellkräftiger Absprung mit schwungvoller Armbewegung nach vorn in die Absprungrichtung.	☐
Starker Abdruck der Füße vom Startblock + explosives Streckung von Knie- + Hüftgelenk.	☐
Vollständige Körperstreckung vom Absprung bis zum Eintauchen.	☐
3. Übergang Schwimmbewegung	
Schnellkräftiger Einsatz der Beinbewegung nach kurzer Gleitphase.	☐
Maximale Punktzahl = 5 ☑	**Summe:**

C: Kraulwende mit Doppelarmzug

Bewegungsmerkmal	Punkte
1. Anschwimmen	
Anschwimmen mit voller Geschwindigkeit.	☐
2. Doppelarmzug und Drehung	
Einleitung des Doppelarmzuges mit der „letzten“ Einatmung vor der Wand.	☐
Kopf bleibt noch an der Wasseroberfläche.	☐
3. Abstoß und Übergang Schwimmbewegung	
Schnellkräftiger Abstoß unter Wasser bis zur Körperstreckung.	☐
Nach kurzer Gleitphase erfolgt zuerst der Einsatz intensiver Beinbewegung, danach die Gesamtbewegung.	☐
Maximale Punktzahl = 5 ☑	**Summe:**

Erläuterungen zu den verwendeten Abkürzungen

AK Altersklassen

Arme Armbewegung

BA Brustschwimmen, Armbewegung

Beine Beinbewegung

BL Brustlage

BSK Brustschwimmkombination

DB Delphinbewegung

FQ Frequenz bezogen auf die Anzahl der Armzüge bzw. Beinschläge beim Schwimmen

GA Grundlagenausdauer

Ges.h Gesamtstundenumfang

h Stunde

Hf Herzfrequenz

K Kraulschwimmen

KA Kraulschwimmen, Armbewegung

KB Kraulschwimmen, Beinbewegung

km Kilometer

KSK Kraulschwimmkombination

LA Landtraining

LA Lagenschwimmen

La/h Landtrainingsstunde

LASK Lagenschwimmkombination

LD/B Lockerung/Dehnung/Beweglichkeit

LE Motorisches Lerntraining

LP Lernprozeß

LWS Lendenwirbelsäule

m Meter

m/s Meter pro Sekunde

MP Mindestpunktzahl

Pb Pullbuoy

R Rückenschwimmen

RA Rückenschwimmen, Armbewegung

R-Abschlag Rückenschwimmen mit Handabschlag

RB Rückenschwimmen, Beinbewegung

RGL Rückengleichlage

RL Rückenlage

RSK Rückenschwimmkombination

rw. rückwärts

s Sekunde

S Schmetterlingsschwimmen

S Schnelligkeit

SA Schmetterlingsschwimmen, Armbewegung

SF Schwimmflossen

SK Schwimmkombination

SL Seitenlage

STP Schwimmtrainingsprogramme

sw. seitwärts

TA Trainingsabschnitt

TAM Training mit allgemeinen Mitteln

TE Trainingseinheit

Theo. Theorieausbildung

TJ Trainingsjahr

TSL Teilstreckenlänge

TSM Training mit speziellen Mitteln

TZ Tauchzug

vw. vorwärts

WA Wassertraining

Wa/h Wassertrainingsstunde

WK Wettkampf

Literaturverzeichnis

Bucher, W: (Gesamtredaktion)
1015 Spiel- und Kombinationsformen in vielen Sportarten
Verlag Karl Hofmann, Schorndorf 1989

Brunner/Knebel/Wirth:
Das Konditionstraining des Schwimmers, Teil 1 – Trockentraining
Verlag Bartels und Wernitz 1976

Counsilman, J.E.:
Handbuch des Sportschwimmens für Trainer, Lehrer und Athleten
Schwimmsport-Verlag Fahnemann 1980

Danckert, D./Dietze, J.:
Zur Vervollkommnung des Trainingsprozesses im Sportschwimmen bei Kindern im Alter von 8 bis 10 Jahren
Dissertation zur Promotion A, DHfK Leipzig 1973

Döbler, E. u. H.:
Kleine Spiele
Volk und Wissen, Berlin 1983

Döbler, H./Schnabel, G./Thieß, G.:
Grundbegriffe der Sportspiele
Sportverlag Berlin,1988

DTSB der DDR/DHfK Leipzig:
Sport frei, junger Schwimmer
unveröffentl. Manuskript der Forschungsgruppe der 1. Förderstufe,
Leitung: J. PIRL

DSSV der DDR:
Trainingsprogramme der 1. Förderstufe Sportschwimmen 1981 -1985
Trainingskommission GLT. Gesamtleitung: PIRL, J.
unveröffentl. Arbeitsmaterial für die Trainer der 1. Förderstufe 1981

DSSV der DDR:
Trainingsprogramme der 1. Förderstufe Sportschwimmen 1985-1989
Trainingskommission GLT. Gesamtleitung: PIRL, J.
unveröffentl. Arbeitsmaterial für die Trainer der 1. Förderstufe 1985

DSSV der DDR:
Trainingsprogramme der 1. Förderstufe Sportschwimmen 1989-1993
Trainingskommission GLT. Gesamtleitung: PIRL, J.
unveröffentl. Arbeitsmaterial für die Trainer der 1. Förderstufe 1989

DSSV der DDR:
Methodisches Handmaterial Sportschwimmen
Leitung: Prof. Dr. Helga Pfeifer
DSSV der DDR, WZ Sportschwimmen, Leipzig 1985

DSSV der DDR/Verbandstrainer GLT PIRL, J:
unveröffentl. Arbeitsunterlagen zur Auswertung der 1. Förderstufe Schwimmen

DSSV der DDR:
Kriterien und Normen für die Überprüfung der TZ-Trainingsjahre und der Auswahl für die Kinder- und Jugendsportschulen 1986-1990
Berlin, Verbandstrainer: PIRL, J.1985

DSSV der DDR:
Kriterien und Normen für die Überprüfung der TZ-Trainingsjahre und der Auswahl für die Kinder- und Jugendsportschulen 1990-94
Berlin, Verbandstrainer: PIRL, J.1990

Eich, H.J.:
Anregungen zur Ausbildung im Anfängerbereich – Hinführung zum Schwimmer
DSV e.V. Mainz, Band 4.1991

Fahnemann, M.:
Schwimmtechnik in Bild und Text
Ottdruck Großhilde, Bockenem 1.1977

Filin, V.D.:
Forschungsmethoden in der Körperkultur
Moskva, Fizkul't. i sport 1961

Freitag, W.:
Grundausbildung und Grundlagentraining im Schwimmen
Der Schwimmtrainer 12/1989. DSTV e.V. Solingen

Fröhner, G.:
Die Belastbarkeit als zentrale Größe im Nachwuchstraining
Philippka-Verlag 1993, Münster

Graumann, D./Lohmann, H.S./Pflesser, W.:
Schwimmen in Schule und Verein
Pohl-Druckerei und Verlagsanstalt, Celle 1980

Haase, J.:
Spiele im · am · unter Wasser
Sportverlag GmbH, Berlin 1991

Harre, D.: (Gesamtredaktion)
Trainingslehre
Sportverlag Berlin, 1985

Hirtz, P.:
Koordinative Fähigkeiten im Schulsport
Volk und Wissen, Volkseigener Verlag, Berlin 1985

Janssen, P.:
Ausdauertraining - Trainingssteuerung über die Herzfrequenz und Milchsäure-Bestimmung
Beiträge zur Sportmedizin, Band 34
Fachbuch Verlagsgesellschafl GmbH, Erlangen 1989

Joeres, U./Weichert, W.:
Schwimmen - Bewegen und Spielen im Wasser
Rowohlt Taschenbuch Verlag GmbH, Hamburg 1987

Krüger, A.:
Hat sich die Sportpädagogik aus dem Leistungssport verabschiedet?
Leistungssport 6/1991; Philippka-Verlag, Münster

Komar, I.:
Test/Testverfahren zur Überprüfung der Leistungsfähigkeit im Aufbautraining
Referat zur Tagung des DSTV, Karlsruhe, d. 15.2.92

Komar, I.:
Modifizierung des Grundlagentrainings im Sportschwimmen für die Weiterentwicklung des Kindertrainings in Vereinen am Beispiel von Schwimmgruppen in Belgien
Dissertation, Universität Leipzig 1993

Komar, I.:
Schwimmtechnik – Planmäßiger Aufbau beim Kinder- und Jugendtraining
Referat zur Tagung des DSTV, Warendorf, d. 28.10.95

Komar, I.:
Erstschwimmart Rücken – Kraulschwimmen
Fachbeiträge WSV, Duisburg 1996

Komar, I.:
Schwimmtechnik – Fehlererkennung und Fehlerkorrektur beim Kinder- und Jugendtraining
Referat zur Tagung des DSTV, Warendorf, d. 28.10.95

Leistungssport, Heft 5/1991:
Zeitschrift für die Fortbildung von Trainern, Übungsleitern und Sportlehrern
Philippka-Buchversand

Lewin, G.: (Gesamtredaktion)
Schwimmsport
Sportverlag Berlin, 1982

Lehnert, A.: (Gesamtredaktion)
Planung, Organisation und Untersuchungsmethoden der Leistungssportforschung
Beiträge aus dem Forschungsinstitut für Körperkultur und Sport, Leipzig 1979

Martin, D/Carl, K./Lehnertz, K.:
Handbuch Trainingslehre
Schorndorf 1991

Matthes, L.:
Gymnastikprogramme der AK 8-10
(Erwärmung/Beweglichkeit/Lockerung/Dehnung)
unveröffentl. Arbeitsmaterial für Schwimmtrainer, Leipzig 1977

Neumann, G.:
Leistungsstruktur in den Ausdauersportarten aus sportmedizinischer Sicht
Leistungssport 3/90; Philippka-Verlag, Münster

Pfeifer, H.:
Zyklisierung und Akzentuierung zur Erzielung von Belastungsfähigkeit für geplante Zeitpunkte im Sportschwimmen
Theorie und Praxis Leistungssport 25, 1987, Heft 3

Pfeifer, H.:
Schwimmen
Sportverlag GmbH, Berlin 1991

Rehn, H.:
Schulung koordinativer Fähigkeiten im Nachwuchsbereich des Sportschwimmens nutzlos oder sinnvoll? - Eine Betrachtung aus technischer Sicht der Sportschwimmarten Brust und Schmetterling -
DSV e.V. Mainz, Band 4/1991

Reiss, M./Pfeifer, H.:
Leistungsreserven im Ausdauertraining
Theorie und Praxis Leistungssport, Berlin 1991**Reischle, K.:**
Besser Schwimmen
Sportinform Verlag GmbH, Franz Wöllzenmüller, Oberhaching 1988

Renner, W./Dietze, J./Müller, Ch.:
Schwimmen - Anleitung für den Übungsleiter
Sportverlag Berlin,1987

Rodionow, A.W./u.a.:
Psychologie in Training und Wettkampf
Sportverlag Berlin,1982

Saziorski, W.M.:
Biomechanische Grundlagen der Ausdauer
Sportverlag Berlin,1986

Schnabel, G./Jähnig, W.:
Technik der Sportschwimmarten, der Starts und Wenden
unveröffentl. Arbeitsmaterial DHfK, Leipzig 1979

Schnabel, G.:
Leistungsstruktur, Trainingsstruktur und ihr Zusammenhang
Medizin und Sport 21, 1981

Schramm, E.: (Gesamtredaktion)
Sportschwimmen - Hochschullehrbuch
Sportverlag, Berlin 1987

Seibert, W.:
Gezieltes Krafttraining: Bessere Leistungen in allen Sportarten
Verlag GmbH Franz Wöllzenmüller, Oberhachingen 1985

Scholich, M.:
Kreistraining
Sportverlag Berlin,1988

Stichert, K.H.:
Ausarbeitung eines Lehrmaterials für die Hand des Kindes zur Unterstützung des Trainingsprozesses im Sportschwimmen
unveröffentl. Diplomarbeit, Leipzig 1966

Stiehler, G.: (Gesamtredaktion)
Methodik des Sportunterrichts
Volk und Wissen, Volkseigener Verlag, Berlin 1966

Thiess, G./Schnabel, G./Baumann, R.:
Training von A bis Z
Sportverlag, Berlin 1980

Thiess, G./Schnabel G.:
Grundbegriffe des Trainings
Sportverlag, Berlin 1985

Sporttitel von Meyer & Meyer

Adventure Sports

Haas - Mountainbiking
Haetzel - The Big Race across America
Hottenrott - In-line-Skating
Knoller - Paragliding
Köppern - Bungee-Springen
Krohn - Beach Volleyball
Schädle-Schardt - Klettern

Athleten und Trainer

Castella - Laufen – mein Leben
Coe - Running Free
Galloway - Richtig laufen mit Galloway
Hinault - Eine Radsportkarriere
Lydiard - Laufen mit Lydiard
Lydiard - Running to the Top
Martin/Coe - Mittel- und Langstreckentraining
Sleamaker - Systematisches Leistungstraining
Sonntag - Mehr als Marathon 1
Sonntag - Mehr als Marathon 2
Waitz - Grete Waitz – Worldclass

Badminton

Lemke/Meseck - Badmintontraining
Lemke/Meseck - Handbuch für Badminton

Ballspiele

Dietrich - Die großen Spiele
Glorius/Leue Ballspiele 1
Glorius/Leue Ballspiele 2

Baseball

DBV, Regelheft Softball
Niedlich - Handbuch Baseball
Schmeilzl/Church - Baseballtraining
Voss - Regelheft Baseball

Basketball

Mikes - Handbuch Basketball
Neumann - Basketballtraining
Niedlich - Streetballtraining

Behinderte machen Sport

Rheker - Spiel und Sport für alle
Scheid - Chancen der Integration durch Sport
Kolb - Spiele für den Herz- und Alterssport
Dahlmanns - Periphere, arterielle Verschlußkrankheiten
Köppe - Multiple Sklerose
Kapustin - Sport als Erlebnis und Begegnung

Bewegungserziehung

Bischops/Gerards - Tips für Sportspiele
Bischops/Gerards - Tips für neue Wettkampfspiele
Bischops/Gerards - Tips für Sport in der Lebensmitte
Bischops/Gerards - Tips für Gesundheit durch Sport
Bischops/Gerards - Tips fürs Aufwärmen im Sport
Bischops/Gerards - Tips für Kinderfußball
Blume - Akrobatik mit Kindern
Diem - Auf die ersten Lebensjahre kommt es an
Dietrich - Die Großen Spiele
Dombrowski - Leichtathletik mit Grundschulkindern
Kapustin - Familie und Sport
Kapustin - Schule und Sportverein
Kapustin - Sport für Erwachsene mit geistiger Behinderung
Rheker - Spiel und Sport für alle
Stein - Kleinkinderturnen ganz groß
Zimmer - Bewegung, Sport und Spiel mit Kindern
Zimmer - Kinder brauchen Bewegung
Zimmer - Sport und Spiel im Kindergarten

Sporttitel von Meyer & Meyer

Handball

Grage - Handballtraining

Hockey

Marx/Wagner - Hockeytraining

Klettern

Schädle-Schardt - Handbuch Bergwandern
Schädle-Schardt - Adventure Sports Klettern

Langlauf

Jung - Schweizer Waffenläufe
Kleine (Hrsg.) - Langlauf in der Kritik
Sonntag - Mehr als Marathon Bd. 1
Sonntag - Mehr als Marathon Bd. 2
Thiemer - Langlauf ist unser Leben

Laufsport

van Aaken - Das van Aaken Lauflehrbuch
van Aaken - Das Laufbuch der Frau
Bös - Handbuch Walking
v.d. Laage - Jetzt kommen die Chinesen
Diem - Tips für Laufanfänger
Kuhlmann - Das LaufLESEbuch
Lüchtenberg - Laufen in Schule, Verein und Freizeit
Lydiard - Jogging mit Lydiard
Lydiard - Running to the Top
Petracic - Optimiertes Laufen
von Schablowsky - Hilfe – mein Mann läuft
von Schablowsky - Zur Strecke gebracht

Leistungstraining

Edwards - Leitfaden zur Trainingskontrolle
Geese/Hillebrecht - Schnelligkeitstraining
Neumann - Alles unter Kontrolle
Pampus - Schnellkrafttraining
Radcliffe/Farentinos - Sprungkrafttraining

Radsport

Bischops/Gerards - Kinderradfahren
Brüggenj./Kürschner - Handb. Mountain-Biking
Haas - Adventure Sports Mountainbiking
Heßler - Radsport in Schule und Verein
Schmidt - Handbuch Radsport

Rudern

Fritsch - Handbuch Rudersport
Fritsch - Handbuch Rennrudern

Schwimmen

Gambril/Bay - Handbuch Schwimmsport
Komar - Schwimmtraining für Kinder, Band 1-3
Komar - Schwimmtechnik im Kindertraining, Band 4-7

Segeln

Haass - Handbuch Segelsport

Sport im Dialog

Baumann/Haimerl (Hrsg.) - Schulsport - wozu?
Baumann/Leye - Bewegung und Sport mit älteren Menschen: wie, was, warum?

Squash

Meseck - Handbuch Squash

Tanzsport

Rosenberg - Handbuch für Jazzdance
Rosenberg - Handbuch für Rock'n'Roll
Rosenberg - Handbuch für Gymnastik und Tanz
Wessel-Therhorn - Jazzdancetraining

Taping

Kennedy - Taping im Sport

Tauchsport
Lüchtenberg - Tauchsporttraining

Tischtennis
Fellke/Östh - Nr. 1 im Tischtennis
Groß - Tips fürs Tischtennis

Tennis
Steinhöfel - Leistungstennis: Neue Trainingsformen

Triathlon
Aschwer - Handbuch Triathlon
Aschwer - Mein Abenteuer – Hawaii-Triathlon
Aschwer - Triathlontraining

Videofilme
Immer in Bewegung
Ein Spielfest für Kinder
Bewegung, Spiel und Sport mit Kindern, 1
Bewegung, Spiel und Sport mit Kindern, 2
Erzieher- und Übungsleiterverhalten
Baseball
Beachvolleyball
Kings of the Beach' 95
In-Line-Skating
Mountainbiking
Neue Wege im Skilanglauf
Telegolf 1 + 2

Volleyball
Fraser - Volleyball
Hergenhahn/Neisel - Volleyball
Hömberg - Handbuch Beach-Volleyball
Krohn - Adventure Sports Beach-Volleyball
Papageorgiou - Handbuch Volleyball
Papageorgiou - Handbuch Leistungsvolleyball

Wintersport
Hottenrott/Veith - Handbuch Skilanglauf

Wo Sport Spaß macht
Hausbei - Aerobic-Training
Pahmeier/Niederbäumer - Step-Aerobic

Zeitschriften
Betrifft Sport: Betrifft Sport ist eine Sammlung von Unterrichtshilfen, zusammengestellt von erfahrenen Sportpädagogen, Praktikern und Wissenschaftlern.

Deutsches Turnen: Deutsches Turnen ist die Verbandszeitschrift des Deutschen Turnerbundes (DTB). Sie befaßt sich mit den Inhalten der Verbandsarbeit des DTB und seiner Mitglieder und ist das „amtliche Organ" des DTB.

Homerun: Homerun ist das offizielle Mitteilungsorgn des Deutschen Baseball und Softball Verbandes e.V. Es ist das führende Baseball-Magazin im deutschsprachigen Raum.

Sozial- und Zeitgeschichte des Sports: Diese Zeitschrift leistet einen wichtigen Beitrag zur Belebung der wissenschaftlichen Diskussion sozial- und zeitgeschichtlicher Fragestellungen des Sports.

„ü": die anspruchsvolle, attraktive Fachzeitschrift des Deutschen Turnerbundes für engagierte Übungsleiter/-innen, Turner/-innen, Freizeit- und Breitensportler/-innen.

Meyer & Meyer
Der Sportverlag
Von-Coels-Straße 390 · D-52080 Aachen · Tel. 02 41/55 60 33-35 · Fax 02 41/55 82 81